Le livre des combien

conforme à la loi 49-956 du 16 juillet 1949
sur les publications destinées
à la jeunesse

conception graphique : Élisabeth Ferté
réalisation : Hasni Alamat

ISBN : 978-2-7324-3861-0
Dépôt légal : mars 2009
Imprimé en France par Pollina

Retrouvez toutes nos parutions sur :
www.lamartinierejeunesse.fr
www.lamartinieregroupe.com

© 2009, éditions de la martinière
une marque de la martinière groupe, paris

Le livre des combien

Alain Korkos

Illustrations :
Rif

De La Martinière
Jeunesse

Sommaire

- Combien de temps un ongle met-il pour pousser ? **10**
- Combien de grains de sable y a-t-il sur une plage ? **11**
- Combien d'étoiles peut-on voir dans le ciel ? **12**
- Combien y a-t-il d'anneaux olympiques ? **14**
- Combien d'étoiles le drapeau américain compte-t-il ? **15**
- Combien de langues parle-t-on dans le monde ? **16**
- Combien de litres d'eau le corps humain contient-il ? **17**
- Combien de cheveux y a-t-il sur une tête de petite fille ? **18**

- Combien y a-t-il de lettres dans l'alphabet ? **19**
- Combien y a-t-il de feuilles sur un arbre ? **20**
- Combien y a-t-il de microbes dans une goutte de salive ? **21**
- Combien d'images fixes voyons-nous chaque jour ? **22**
- Combien de rayures a un zèbre ? **23**
- Combien mesure la Muraille de Chine ? **24**
- Combien d'heures dort-on dans une vie ? **26**
- Combien de muscles faut-il pour sourire ? **27**

- Combien y a-t-il de gouttes d'eau dans une vague ? **28**
- Combien y a-t-il d'images différentes dans un dessin animé ? **29**
- Combien de collections différentes existe-t-il ? **30**
- Combien de pharaons ont régné dans l'Égypte ancienne ? **31**
- Combien de centimètres mesurent les sept nains ? **32**
- Combien pèse un nuage ? **34**
- Combien de cœurs a la pieuvre ? **35**

- Combien de fois par jour la Terre est-elle touchée par la foudre ? **36**
- Combien de fois dois-je tourner ma langue dans ma bouche ? **37**
- Combien de temps le Soleil va-t-il encore briller ? **38**
- Combien de mètres un aliment parcourt-il dans le corps ? **39**
- Combien de temps mettra un escargot pour sortir d'un puits profond de 12 mètres ? **40**
- Combien de jours y a-t-il dans une année ? **42**
- Combien de temps faut-il aux abeilles pour remplir un pot de miel ? **43**

- Combien d'espèces animales sont-elles en voie de disparition ? **44**
- Combien y a-t-il de chevaux, de cerfs et d'aurochs dans la grotte de Lascaux ? **45**
- Combien y a-t-il de chevaux dans une voiture ? **46**
- Combien d'hommes ont-ils vécu sur Terre jusqu'à l'an 2000 ? **47**
- Combien de kilomètres une carotte de supermarché parcourt-elle ? **48**
- Combien de pattes a le mille-pattes ? **50**
- Combien y a-t-il de planètes dans le ciel ? **51**
- Combien y a-t-il de chiffres et de nombres ? **52**

- Combien de pattes a une araignée ? **54**
- Combien de temps faut-il pour qu'un sac plastique se décompose ? **55**
- Combien y a-t-il de kilomètres de veines et d'artères dans le corps humain ? **56**
- Combien de SMS envoie-t-on chaque jour dans le monde ? **58**
- Combien de dents possède un escargot ? **59**
- Combien faut-il de spermatozoïdes pour faire un bébé ? **60**

- Combien y a-t-il de clous sur la planche à clous d'un fakir ? **61**
- Combien faut-il d'années avant que la banquise ne fonde ? **62**
- Combien y a-t-il de faces sur un dé ? **64**
- Combien de dieux existe-t-il ? **65**
- Combien de temps dure une nuit ? **66**
- Combien de temps dure un embouteillage ? **67**
- Combien de temps faut-il pour être célèbre ? **68**
- Combien y a-t-il de mots dans un dictionnaire ? **69**

- Combien de temps dure un tour du monde ? **70**
- Combien de siècles a le vin le plus vieux du monde ? **72**
- Combien de temps avons-nous à vivre ? **73**
- Combien de kilomètres fait le chemin de Compostelle ? **74**
- Combien de temps dort un ours en hiver ? **75**
- Combien d'yeux a une libellule ? **76**
- Combien de rivets a la tour Eiffel ? **77**

- Combien y a-t-il de notes de musique ? **78**
- Combien d'ondes y a-t-il dans un four micro-ondes ? **79**
- Combien y a-t-il de travaux d'Hercule ? **80**
- Combien de kilos pèse un igloo ? **82**
- Combien de fois faut-il jouer à l'Euro Millions pour gagner ? **83**
- Combien de temps met un nénuphar pour recouvrir une mare ? **84**

- Combien y a-t-il de grains de blé sur un échiquier ? **85**
- Combien y a-t-il de filles et de garçons sur la planète ? **86**
- Combien de mètres mesure un film ? **87**
- Combien y a-t-il de musiciens dans un orchestre ? **88**
- Combien peut-on avoir de meilleur(e)s ami(e)s ? **90**
- Combien pèse un iceberg ? **91**

Combien de temps un ongle met-il pour pousser ?

Avez-vous de bons yeux ? Si vous observez attentivement l'un de vos ongles, vous constaterez qu'il aura poussé d'environ un dixième de millimètre en vingt-quatre heures. Autant dire que ce sera difficile à observer à l'œil nu ! Il lui faudra entre trois et six mois pour atteindre le bout de votre doigt, et entre douze et dix-huit mois si c'est un ongle de pied.

Les ongles poussent avant même que nous soyons nés, continuent tout au long de notre vie et encore un peu après notre mort, parce que toutes nos fonctions ne s'arrêtent pas d'un seul coup !

Si on ne les coupait pas de temps en temps, ils atteindraient des dimensions démesurées. Les chats, qui n'ont pas de coupe-ongles, s'attaquent aux troncs d'arbres ou au bas des canapés pour user leurs griffes.

Les griffes sont bien pratiques pour de nombreux animaux. La poule s'en sert pour trouver des vers en grattant le sol, le lion pour tuer la gazelle, le panda pour grimper aux arbres, etc. Le singe et le raton laveur ont développé des mains à cinq doigts qui leur permettent de saisir les choses avec délicatesse. Chez l'homme, les griffes se sont transformées en ongles, alors que chez le raton laveur elles sont restées telles quelles.

Le record de longueur des ongles de mains est détenu par une Américaine qui ne les a pas coupés depuis 1979 : ils mesurent entre 76 et 80 centimètres chacun ! Terrifiant !

Combien de grains de sable y a-t-il sur une plage ?

Et combien dans un pâté de sable ? Un grain de sable mesure entre 0,063 et 2 millimètres. Une plage peut mesurer 20 mètres de long sur 10 de large, ou 12 kilomètres de long sur 6,25 mètres de large…

Et l'épaisseur de la couche de sable est variable, elle aussi ! Sur les plages de la mer Méditerranée elle va de 1,50 mètres à 4 mètres, alors que sur les côtes de l'Atlantique elle peut mesurer entre 50 centimètres et 2 mètres.

Le nombre de grains de sable sur une plage est donc impossible à déterminer ! Ils n'ont pas tous la même taille et il n'y a pas une seule plage qui a les mêmes dimensions. Imaginons alors une plage idéale mesurant 500 mètres de long sur 50 mètres de large. Imaginons que l'épaisseur de la couche de sable mesure 2 mètres, et que chaque grain mesure 1 demi-millimètre de diamètre.

Si on prend une machine à calculer pour faire quelques opérations un peu compliquées, on obtient environ 513 000 milliards de grains de sable…

Dans un seau de 3 litres pour faire un gros pâté, il y en aura environ 31 millions. Trois fois rien ! Et combien de grains de sable dans vos chaussures au retour de la plage ?

Combien d'étoiles peut-on voir dans le ciel ?

On dirait un tissu bleu foncé percé de trous d'épingles. C'est le ciel, et les étoiles. En ville, les lampadaires ou les enseignes publicitaires nous éblouissent et ne nous permettent pas d'en voir plus que quelques centaines. À la campagne, si la nuit est belle, nous en comptons environ 3 000. Mais nous ne les voyons pas toutes : si nous habitons en France, nous ne voyons pas celles qu'on voit au Japon ou en Australie.

Toutes ces étoiles font partie de la Voie lactée, qui est une galaxie. À elle seule, elle contient 200 milliards d'étoiles.

L'univers, qui se compose de plusieurs centaines de milliards de galaxies, compte à peu près 70 000 milliards de milliards d'étoiles ! Soit 1 sept, suivi de 22 zéros. Mais à l'heure actuelle, les télescopes les plus puissants ne peuvent pas en voir plus de cent cinquante milliards parce que les autres étoiles sont trop éloignées.

Au fait, savez-vous ce qu'est une étoile ? Au départ, c'est un nuage de gaz contenant beaucoup d'hydrogène. Au bout d'un moment, cet hydrogène se met à exploser de manière continue et dégage une forte lumière. On dit alors que c'est une étoile.

Plus une étoile est grosse, plus elle consomme vite son hydrogène et plus elle mourra rapidement. Notre Soleil, qui est une étoile de taille moyenne, est né il y a 4,55 milliards d'années. Quand s'éteindra-t-il ? Dans 5 milliards d'années. On a largement le temps de compter les étoiles à l'œil nu par un beau soir d'été !

Combien y a-t-il d'anneaux olympiques ?

Le houla hop n'est pas un sport olympique !

Tu en es sûr ?

Fastoche ! Il y a cinq anneaux. Bleu, noir, rouge, jaune et vert. D'où viennent-ils et que signifient-ils ? Ça, c'est plus compliqué…

Entrelacés, ils symbolisent l'union des cinq continents : Europe, Asie, Amérique, Océanie, Afrique. Mais il est faux de penser qu'à chaque couleur correspond un continent ; toutes ces couleurs sont en réalité celles que l'on trouve sur les drapeaux des pays participant aux Jeux. D'ailleurs, savez-vous d'où viennent les J. O. ?

Les Jeux olympiques sont originaires de la Grèce antique. Ils avaient lieu tous les quatre ans en l'honneur de Zeus, le dieu de l'Olympe. Les premiers Jeux datent de 776 avant Jésus-Christ et se sont déroulés pendant plus de mille ans, jusqu'à leur interdiction, en 393 après Jésus-Christ, par l'empereur Théodose Ier, qui fit du christianisme la religion officielle.

Pierre de Coubertin (1863-1937) était un baron français qui voulait faire entrer le sport à l'école. Il organisait souvent des compétitions et eut l'idée de faire revivre les Jeux olympiques. C'est lui qui dessina, en 1913, le fameux drapeau. Lors de ces premiers Jeux modernes qui se déroulèrent en 1896 à Athènes, quatorze pays étaient inscrits. En 2008 à Pékin, il y en eut deux cent cinq. Soit tous les pays du monde sauf un : le Vatican !

Combien d'étoiles le drapeau américain compte-t-il ?

On la voit partout aux États-Unis, presque à chaque coin de rue. C'est le *Star-Spangled Banner,* la Bannière étoilée. Ce drapeau compte cinquante étoiles blanches sur fond bleu. Elles représentent les cinquante États américains. Quant aux rayures rouges et blanches, elles rappellent les treize colonies britanniques qui décidèrent de devenir indépendantes et qui sont à l'origine des États-Unis.

Le drapeau européen, lui aussi, porte des étoiles : il en compte douze, ce sont des étoiles jaunes sur fond bleu. Contrairement à ce que l'on croit souvent, elles ne représentent pas les douze premiers États de l'Union.

Ce drapeau a été créé en 1955, alors que les pays membres n'étaient que six (Belgique, France, Italie, République fédérale d'Allemagne, Luxembourg et Pays-Bas). Le bleu est la couleur de la Vierge Marie et la couronne de douze étoiles symbolise les douze apôtres de l'Évangile. Rien à voir, donc, avec le nombre de pays membres de l'Union européenne !

Pourquoi ce choix étrange ? Parce que le peintre qui réalisa ce drapeau était très catholique et parce que Robert Schuman, l'un des fondateurs de l'Europe, l'était également.

Aujourd'hui, l'Union européenne regroupe vingt-sept États et son drapeau reste inchangé.

Combien de langues parle-t-on dans le monde ?

Parlez-vous chinois ? Espagnol ? Russe ? Non ? Ce n'est pas grave, il vous reste l'espoir de connaître les 6 703 langues différentes actuellement parlées par les 6 milliards d'êtres humains qui peuplent la planète.

Rien qu'en Asie, on compte 2 165 langues qui sont parlées par 3,6 milliards de personnes. En deuxième position vient l'Afrique, avec 2 011 langues, parlées par 780 millions d'individus.

Mais l'importance d'une langue ne se mesure pas seulement au nombre de personnes qui la parlent. Il faut aussi penser au nombre de pays dans lesquels elle est parlée.

Par exemple, le chinois mandarin est pratiqué par plus d'un milliard de personnes. C'est la langue la plus utilisée sur Terre, mais dans trois pays seulement : la Chine, Taïwan et Singapour. L'anglais, lui, est parlé par 508 millions de personnes dans… 45 pays ! Et l'espagnol par 392 millions de personnes dans 20 pays.

On estime que d'ici cent ans, la moitié des langues parlées aujourd'hui auront disparu. Elles seront principalement remplacées par l'anglais, qui est la langue utilisée dans le commerce international. C'est dommage.
Do you speak English ?
你会说中文吗 ?
¿Habla usted español ?
Вы говорите по-русски

Combien de litres d'eau le corps humain contient-il ?

Tout dépend de l'âge que l'on a. Le corps d'un bébé dans le ventre de sa mère contient 97 % d'eau. À sa naissance, il en contient 75 %. S'il pèse 4 kilos, il a donc 3 litres d'eau dans son corps !

Celui d'un adulte contient entre 60 et 65 % d'eau, soit 42 litres pour un homme de 70 kilos. Et celui d'une personne âgée, entre 45 et 55 %. Car plus on vieillit, moins on stocke d'eau et plus on stocke de graisse.

Toute cette eau se cache bien : elle est contenue dans les muscles, le sang, les os, le cœur, le cerveau. Sans elle, notre machine ne pourrait pas fonctionner. L'eau transporte les vitamines et les sels minéraux, nettoie les reins, les poumons, etc. Chaque jour, nous en éliminons environ 2,5 litres. Par la transpiration, la respiration (1 demi-litre s'en va par notre bouche), et aussi quand nous allons aux toilettes.

Toute cette eau qui s'en va, il faut bien la remplacer. Environ 1 litre d'eau se cache dans les fruits, les légumes, la viande et le poisson que nous mangeons chaque jour. Il suffit de boire 1,5 litre d'eau pour que la proportion dans notre corps soit rétablie.

Problème d'arithmétique : sachant qu'une pomme de 100 grammes contient 85 grammes d'eau, combien devez-vous en manger chaque jour ? Réponse : 1,5 litre d'eau = 1,5 kilo = 1 500 grammes. Divisés par 85 = 17,6 pommes par jour. À condition de n'avaler que ça...

Combien de cheveux y a-t-il sur une tête de petite fille ?

Ça dépend de la petite fille et de la couleur de ses cheveux ! Si elle est blonde, ses cheveux sont très fins. Elle en aura alors environ cent cinquante mille sur la tête. Si elle est brune, cent mille seulement car ses cheveux sont un peu plus épais. Et un peu moins encore si elle est rousse. Mais ce n'est qu'une moyenne.

Selon le diamètre du cheveu, qui varie entre 0,04 et 0,1 milimètre, vous en avez entre deux et trois cents par centimètre carré. Impressionnant ! Et ils ont commencé à pousser avant même votre naissance, à partir du cinquième mois de grossesse de votre maman.

Aussi, quand un cheveu meurt, un autre va repousser à sa place. Sauf chez les hommes, qui perdent leurs cheveux en vieillissant. C'est à cause de leurs hormones mâles, chargées de faire pousser les poils et la barbe. Vers 40 ou 50 ans, elles attaquent les cheveux et les tuent ! Les petites filles ont bien de la chance : elles n'ont pas d'hormones mâles et c'est pour cette raison qu'elles ne sont pas chauves.

Savez-vous que les cheveux poussent par la racine seulement, et jamais par la pointe ? Le bulbe du cheveu, qui se trouve justement à la racine, peut vivre entre trois et six ans.

Si vous vivez 90 ans et si vous ne vous coupez jamais les cheveux, votre tignasse mesurera environ 10 mètres de long. Prévoyez un large peigne…

…3 ANS SANS ALLER CHEZ LE COIFFEUR !

Combien y a-t-il de lettres dans l'alphabet ?

Tout dépend de l'alphabet ! Les pays qui utilisent un alphabet venant du latin comptent vingt-six lettres (France, États-Unis, Allemagne…). On trouve aussi, parfois, des lettres accentuées : les é è ê français, le ś et le ż polonais, le ñ espagnol, etc.

Il existe un alphabet encore plus étrange, c'est le coréen qui totalise quarante lettres : ㅏ, ㅑ, ㅛ, ㅃ, ㅎ. Il ressemble un peu au chinois, mais cela n'a rien à voir puisque le chinois n'est pas un alphabet !

Dans les pays slaves comme la Russie, on utilise l'alphabet cyrillique qui est dérivé du grec. Il compte trente-trois lettres souvent très bizarres : б, г, д, ж, з, и.

En effet, en Chine on utilise cinquante mille caractères qui forment des syllabes, et pas des lettres. Parfois, ils correspondent à des mots qu'on associe entre eux. Ainsi, le mot *Chine* s'écrit 中国. 中 signifie *milieu* et 国 signifie *pays*. Cela veut donc dire *pays du milieu* car la Chine se considère comme le centre du monde !

Les Japonais utilisent les caractères chinois, et aussi un alphabet : か, さ, た, は, etc., servant à écrire les mots étrangers. Dans certains romans comme *Le Seigneur des anneaux*, on trouve un alphabet elfique, mais il s'agit cette fois d'un alphabet imaginaire ! Si vous voulez garder le secret de vos écrits, inventez votre propre alphabet !

Combien y a-t-il de feuilles sur un arbre ?

Qui peut bien se poser ce genre de question ? Les jardiniers ? Les bûcherons ? Le balayeur du parc en automne ? Eh bien, non : les rares personnes à s'interroger sur le nombre de feuilles que peut posséder un arbre sont… les apprentis informaticiens ! Inventer une formule mathématique permettant d'évaluer leur nombre est en effet un exercice classique, qui leur apprend à réfléchir.

Mais les informaticiens ne s'intéressent pas vraiment aux arbres. Contrairement aux botanistes, qui eux aussi évaluent le nombre de feuilles pour savoir si l'arbre est en bonne santé. Prenons un jeune platane ou un jeune érable dont le tour du tronc fait 30 centimètres.

En calculant la surface des feuilles et leur poids, ils en connaîtront le nombre approximatif. Environ douze mille feuilles ? L'arbre est en bonne santé. Seulement sept mille ? Il faut lui faire subir une visite médicale approfondie.

Car les feuilles sont très importantes pour l'arbre. D'un côté, elles captent l'énergie solaire grâce aux grains de chlorophylle et de l'autre, elles absorbent du gaz carbonique. Elles reçoivent de l'eau et des sels minéraux par la sève. Elles mélangent tout cela pour fabriquer des sucres qui sont redistribués à l'arbre tout entier, toujours grâce à la sève. Les feuilles, c'est un peu la cantine de l'arbre.

Et vous ? Êtes-vous en bonne santé ? Comptez vos feuilles (si vous êtes un arbre, évidemment !).

Combien y a-t-il de microbes dans une goutte de salive ?

Oulalah ! Attention danger ! Notre bouche est une usine à microbes et notre salive peut transmettre une foule de maladies telles que la grippe, les oreillons, la varicelle…

Imaginons que vous avez attrapé cette maladie. Vous êtes recouverts de jolis boutons rouges et vous toussez. À chaque fois, vous envoyez dans l'air une pluie de postillons qui contient sept cent mille particules infectieuses.

Si vous éternuez, c'est le double qui part dans la figure de votre voisin à environ 150 kilomètres à l'heure ! S'il n'a jamais eu la varicelle (qui ne s'attrape qu'une fois), il n'a absolument aucune chance d'y échapper.

Même sans tousser, vous pouvez lui transmettre la maladie. Rien qu'en lui parlant. Une conversation d'une minute suffit à expédier quinze à vingt mille particules infectées au nez de votre interlocuteur. Prononcez une seule fois la lettre P, et ce sont cent particules qui volent en l'air. Embrassez-vous sur la bouche, et ce sont quatre-vingt mille parasites qui s'échangent. Berk !

Cela dit, la salive n'a pas que des défauts. Elle humidifie les aliments, qu'elle prépare pour la digestion. Elle détruit les microbes qui veulent ronger nos dents. Et elle est indispensable aux bavards qui, sans elle, se retrouveraient vite avec la bouche aussi sèche que le chaud désert du Sahara.

Combien d'images fixes voyons-nous chaque jour ?

Pour le savoir, il suffit de les compter dès votre réveil. Dans votre chambre, il y a déjà plusieurs images affichées au mur. Vous allez dans la cuisine, vous prenez un bol sur lequel figure un personnage de dessin animé.

Sur le paquet de céréales est représenté un autre personnage, et sur la boîte à sucres, encore un autre. Dans la salle de bains, il y a un dessin sur le tube de dentifrice. Plus tard, vous rangez vos livres et cahiers dans votre sac. Tous ces objets sont ornés d'un dessin ou d'une photo. Sans sortir de chez vous, dès le matin, vous en voyez au minimum une quinzaine.

Mais tout commence vraiment dans la rue. Vitrines des boutiques, panneaux publicitaires, etc. Observez bien, il y en a beaucoup plus que vous ne le pensez. À l'école, ça continue. Sur les murs de la classe, dans vos livres, sur vos trousses, sur les vêtements des copains et des copines.

Comptez aussi les images que vous voyez au supermarché, sur le bord des routes ou dans les magazines.

En une journée ordinaire, vous verrez environ trois mille cinq cents images fixes (dans ce chiffre on ne compte pas les logos des marques, les images de la télévision ou du cinéma). Heureusement que vous les oublierez presque toutes. Sinon votre cervelle exploserait !

Combien de rayures a un zèbre ?

Pas facile de compter les rayures sur le dos d'un zèbre, surtout s'il court à 60 kilomètres à l'heure…

Le zèbre de Grévy (ou zèbre impérial), le plus grand de tous, affiche environ quatre-vingts rayures.

Mais le zèbre des plaines (ou zèbre de Burchell) n'en a qu'une trentaine qui sont beaucoup plus larges. Autre énigme intéressante : les rayures du zèbre sont-elles noires sur fond blanc ou l'inverse ? Quand il est encore dans le ventre de sa mère, le futur zèbre est entièrement noir. Petit à petit, vont apparaître les rayures blanches, et à sa naissance il sera entièrement zébré. Voilà qui répond à la question !

Mais au fait, à quoi servent ces rayures ? S'il s'agit d'un camouflage c'est raté, car il n'y a rien de plus visible qu'un zèbre qui broute dans la savane. Elles ont cependant une utilité. Les mouches tsé-tsé, qui donnent la maladie du sommeil, s'attaquent plus facilement à des peaux dont la couleur est unie. Ainsi les zèbres sont moins souvent victimes de ces mouches dangereuses !

Et puis les rayures ont une autre utilité : quand une lionne repère un zèbre, celui-ci se réfugie parmi le troupeau de ses amis qui se mettent alors à courir. Toutes ces rayures qui bougent troublent la vue de la lionne. Celle-ci doit s'arrêter pour se frotter les yeux. Quand elle a fini, le troupeau est loin !

Combien mesure la Muraille de Chine ?

En chinois, on la surnomme *la longue muraille de dix mille lis*. En vérité elle est plus longue, puisqu'elle mesure 13 400 lis. Vous savez, bien sûr, combien mesure un li. Non ?

Un li mesure exactement 500 mètres. La Grande Muraille de Chine mesure donc 6 700 kilomètres. Dans sa plus grande largeur, l'Antarctique ne mesure, lui, que 5 500 kilomètres.

Elle fut érigée pour empêcher les envahisseurs mongols de s'emparer du nord du pays. Sa construction dura seize siècles. Pourquoi autant de temps ? Parce qu'elle fut construite par petits bouts souvent détruits lors de batailles. La muraille part de Pékin au nord-est de la Chine, et continue son chemin vers l'ouest jusqu'au désert de Gobi.

C'est le plus long monument jamais construit par l'homme. L'astronaute américain Leroy Norman Chiao, qui passa six mois dans une station spatiale entre 2004 et 2005, la prit en photo à 390 kilomètres d'altitude.

Avec les digues de Hollande et les pyramides d'Égypte, elle est donc l'une des trois constructions humaines visibles de l'espace. Incroyable !

Combien d'heures dort-on dans une vie ?

À peu près un tiers de notre temps. Si vous vivez quatre-vingt-dix ans, vous passez donc trente ans au lit ! Est-ce bien raisonnable ?

On a longtemps pensé qu'un adulte devait dormir entre six et sept heures par nuit pour se reposer. Mais cela n'est pas toujours possible. Par exemple, les marins qui participent à des courses en solitaire doivent rester sur leurs gardes jour et nuit. Aussi, ils remplacent leur nuit de sommeil par des siestes d'une demi-heure, réparties sur vingt-quatre heures. Pas très reposant, tout ça ! Mais c'est le prix à payer si on veut gagner la course.

Qu'en est-il de nos amies les bêtes ? A priori, tous les animaux ont besoin de dormir pour se reposer. Sauf les orques et les grands dauphins. Dans les premiers mois qui suivent leur naissance, les bébés et leur mère ne ferment pas l'œil de la nuit.

De cette manière, ils se développent plus vite. La mère a alors la lourde tâche de surveiller les ennemis éventuels qui rêvent d'un petit casse-croûte. Passés les premiers mois, le bébé et sa mère retrouvent un sommeil normal.

L'orque et le dauphin ne ronflent pas. L'homme, oui, parfois. S'il ronfle trois fois par minute pendant ses trente ans de sommeil, ça fait un total de presque quatorze millions de ronflements !

26

Combien de muscles faut-il pour sourire ?

Beaucoup moins que pour avoir l'air triste ! Un sourire fait agir dix-sept muscles en même temps. Tous sont accrochés aux os zygomatiques cachés sous nos pommettes. On les appelle donc les muscles zygomatiques.

Alors que pour bouder, marquer notre mécontentement ou notre tristesse, on utilise une quarantaine de muscles qui servent à nous faire froncer les sourcils, ainsi que le muscle *risorius* qui est chargé d'abaisser ou d'étirer nos lèvres vers le bas. Quand nous sourions, il ne peut pas fonctionner. On ne peut donc pas sourire et faire la tête en même temps !

Ainsi, à force de rire ou de faire la tête, notre visage se creuse de rides. Et aucun anti rides ne l'empêchera. Si l'on veut absolument conserver un visage lisse toute notre vie, il n'existe qu'une solution : ne pas rire, ne pas pleurer, ne laisser paraître aucune émotion ou expression sur notre visage. Avoir une vie de statue.

Certaines personnes veulent effacer ces rides qui se sont accumulées avec l'âge. Elles vont alors utiliser la chirurgie esthétique. On leur tend la peau et on leur injecte des produits qui paralysent les muscles zygomatiques ou ceux des sourcils.

Ainsi, elles retrouveront un visage lisse. Mais elles ne pourront plus sourire ou afficher de la tristesse. Leur peau ne pourra plus se creuser ou s'étirer. Pour ne pas devenir tristes et figés comme des statues, rions aux éclats !

Combien y a-t-il de gouttes d'eau dans une vague ?

Il faut d'abord connaître le volume d'eau contenu dans une vague. Cela n'est pas évident car il n'y a jamais deux vagues identiques. Celles qui viennent mourir sur la plage ne sont pas bien hautes, tout juste quelques centimètres.

Sauf si elles proviennent de raz-de-marée (ou *tsunami*), ces phénomènes causés par des tremblements de terre, des éruptions volcaniques ou des glissements de terrain. Leurs vagues peuvent atteindre alors 60 mètres de haut !

Les vagues de pleine mer, elles, sont causées par le vent. Elles peuvent mesurer 3 mètres si le temps est calme, et 10 mètres en cas de tempête. Mais il existe une espèce particulière de vague, c'est la vague scélérate. D'une trentaine de mètres de hauteur, elle est un véritable danger pour les navires.

En effet, aucun bateau n'est capable de résister à la pression d'une telle vague, qui peut atteindre 100 tonnes sur 1 mètre carré. Quand un bateau ou une plate-forme pétrolière voit arriver une vague scélérate, personne ne pense au nombre de gouttes d'eau qu'elle représente…

Une petite goutte d'eau de pluie mesure environ 1 millimètre de diamètre. On peut en mettre 2 600 dans un verre. Quand on saura combien de verres on peut remplir avec une vague, il suffira de multiplier par 2 600 pour avoir le nombre total de gouttes d'eau !

Combien y a-t-il d'images différentes dans un dessin animé ?

Siffler en travaillant... la la la la la la la...
Les dessins animés sont souvent tournés à la même vitesse que les films avec des acteurs : 24 images par seconde. Alors, combien faut-il d'images différentes pour un dessin animé ?
Prenons l'exemple de *Blanche-Neige et les Sept Nains*. Le film dure 83 minutes, soit 4 980 secondes. Avant de faire le calcul, il faut savoir qu'une seule image de dessin animé est constituée de plusieurs dessins qui se superposent.

Pour *Blanche-Neige et les Sept Nains*, il y avait ainsi (comme par hasard) jusqu'à sept éléments différents qui composaient une seule image. On pouvait avoir la forêt au loin, la forêt plus proche, les Sept Nains, Blanche-Neige, un premier animal qui passe, un second animal qui passe, et des feuilles au premier plan.

Mais d'une image à l'autre, il ne fallait pas tout refaire, heureusement : seuls les dessins des êtres vivants changeaient, à mesure que leurs mouvements évoluaient, alors que le décor restait le même.

Dans ce film, il y a donc 4 980 secondes multipliées par 24 images, soit 119 520 images. Qui elles-mêmes sont parfois composées de sept dessins.

Aujourd'hui, on s'aide de l'ordinateur pour réaliser des dessins animés. Et parfois, le nombre d'images par seconde est réduit. Mais la technique reste la même et il faut toujours tracer à la main des milliers de dessins. *Siffler en travaillant... la la la la la la la...*

Combien de collections différentes existe-t-il ?

On peut collectionner des timbres, des bandes dessinées, des étiquettes de boîtes de camembert, des affiches de films, des boîtes de sardines bretonnes, des tableaux représentant des natures mortes, des stylos bleus, des boules à neige, des pièces de monnaie anciennes, des vélos, des clous, des trèfles à quatre feuilles, des avions à hélices, des tirelires en forme de cochon…

Tout se collectionne. Absolument tout. On peut même faire des collections de collections. Celui qui collectionne des voitures pratique l'autophilie, le passionné des serpents est un herpétophile, l'amoureux des livres rares est un bibliophile, le collectionneur de fèves de galettes des rois est un fabophile, etc.

Toutes les collections ont un nom. Même les collections de collections ! On appelle ça le collectionnisme.

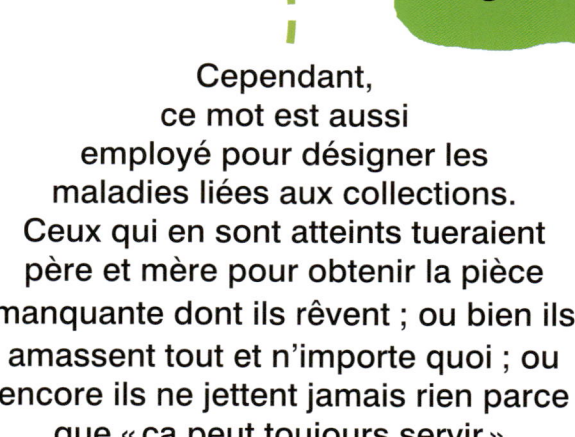

JE COLLECTIONNE AUSSI LES CROTTES DE NEZ !

Cependant, ce mot est aussi employé pour désigner les maladies liées aux collections. Ceux qui en sont atteints tueraient père et mère pour obtenir la pièce manquante dont ils rêvent ; ou bien ils amassent tout et n'importe quoi ; ou encore ils ne jettent jamais rien parce que « ça peut toujours servir ».

Il existe même certains enfants qui sont atteints d'une manie bizarre : la collection de mauvaises notes ! Ça se soigne très bien, paraît-il…

Combien de pharaons ont régné dans l'Égypte ancienne ?

Zéro ! L'Égypte ancienne n'était pas gouvernée par des pharaons, mais par des rois. La Bible parle de pharaons à propos des rois égyptiens. Mais ce mot désignait, au départ, le palais royal, le gouvernement.

C'est Jean-François Champollion, l'égyptologue, qui réussit à déchiffrer les hiéroglyphes au XIXe siècle : il utilisa par erreur le mot *pharaon* pour désigner les rois d'Égypte. Alors combien de rois dans l'Égypte ancienne ? On a retrouvé les noms de deux cent cinquante d'entre eux qui se sont succédé pendant trois mille ans, mais il y en eut plus.

Le premier, le fondateur de la Ire dynastie, s'appelait Méni. Il régna vers 3150 avant Jésus-Christ, son tombeau se trouve à Abydos. Le dernier s'appelait Ptolémée XV. On le surnomma Césarion, parce qu'il était le fils de Cléopâtre et de Jules César.

Il gouverna avec sa mère entre 44 et 30 avant Jésus-Christ, et fut assassiné à l'âge de 15 ou 16 ans par un envoyé d'Auguste, empereur de Rome. Avec lui disparaissait la longue lignée des rois d'Égypte et le pays passait sous la domination des Romains.

Voici quelques noms de pharaons : Hotepsekhemoui, Chepseskarê, Touthenkartôn, Mérienhor Néferkamin. L'un d'eux n'a jamais existé. Lequel ?

Combien de centimètres mesurent les sept nains ?

Prenons la taille de Blanche-Neige comme référence. Admettons qu'elle mesure 1,60 mètre. Alors Simplet, Prof, Atchoum, Joyeux, Timide, Grincheux et Dormeur, qui sont deux fois plus petits qu'elle, mesurent environ 80 centimètres chacun.

Mais savez-vous à partir de quelle taille on dit qu'un individu est un nain ? On le dit quand un homme mesure moins d'1,45 mètre, et quand une femme mesure moins d'1,40 mètre.

Les raisons de ces très petites tailles sont multiples : soit il s'agit de maladies qui bloquent la croissance, soit il s'agit de maladies qui s'attaquent directement aux os. Elles peuvent être transmises par les parents, ou bien être le résultat d'une mutation génétique qui n'a rien à voir avec les parents.

On n'en connaît toujours pas les raisons, et on ne sait donc toujours pas comment y remédier.

Dans les siècles passés, les nains passaient pour être des créatures fantastiques. On disait qu'ils vivaient la plupart du temps sous terre, dans les mines où ils creusaient des galeries pour trouver des trésors, qu'ils pouvaient atteindre l'âge de 150 ans. Ils faisaient peur à tout le monde… sauf à Blanche-Neige !

Combien pèse un nuage ?

Il passe dans le ciel, telle une boule de coton poussée par le vent. Combien pèse-t-elle, cette boule de coton ? Cela dépend, tous les nuages ne se ressemblent pas. Il en existe un très grand nombre, que l'on classe en dix catégories.

Parmi eux, les stratus tout gris, les cumulus en forme de chou-fleur, les cirrus blancs en forme de filaments, etc. Tous ces nuages sont constitués d'air, d'eau sous forme de vapeur ou de gouttelettes, de cristaux de glace, mais aussi de poussières.

Un joli cumulus en forme de chou-fleur mesure souvent 1 kilomètre de long pour 1 kilomètre d'épaisseur. Il contient environ 600 tonnes de gouttes d'eau ou de cristaux, soit 0,05 % de son poids total. Plus 10 000 tonnes de vapeur d'eau.

À cela, il faut ajouter l'air qui se trouve à l'intérieur du nuage. Poids total : 1,2 million de tonnes ! Mais le cumulus est une toute petite boule de coton. D'autres nuages, qui sont quinze fois plus gros et plus épais, peuvent peser 1 milliard de tonnes.

Et à votre avis, pourquoi ces nuages ne nous tombent-ils pas sur la tête comme une enclume ? Comment se tiennent-ils en suspension dans le ciel ? Grâce à la pression de l'air qui les empêche de tomber, comme la pression de l'eau empêche les poissons de couler. Même quand ils ne nagent pas !

Combien de cœurs a la pieuvre ?

Trois ! Elle a un cœur central pour régénérer le sang, et deux cœurs latéraux qui pompent le sang à travers les branchies. Peut-on en conclure que la pieuvre a trois fois plus de chances d'être amoureuse ? Non, hélas. Elle ne tombe amoureuse qu'une seule fois dans sa vie, et meurt six mois après avoir donné naissance à ses bébés.

La pieuvre fait peur. Pourtant, c'est un animal absolument exceptionnel. Elle est pourvue de huit bras qui repoussent quand ils sont coupés. Sur chacun d'eux, deux cent quarante ventouses qui peuvent, chez une pieuvre commune, tirer une proie de 18 kilos. Sourde et muette, elle a, en revanche, une vue excellente. Pratique dans les fonds obscurs de la mer !

Pour chasser, sa technique est imparable : elle se promène au fond de l'eau, à la recherche de petits crabes ou de mollusques. Dès qu'elle en repère un au loin, elle prend la couleur du fond comme un caméléon. Invisible, elle peut alors saisir sa proie en toute tranquillité.

Mais ce qui la caractérise surtout, c'est sa remarquable intelligence. Si on lui donne un pot de verre fermé par un bouchon à vis dans lequel est placé un crabe, elle va dévisser le bouchon pour attraper le crabe !

Et puis enfin, la pieuvre est un animal totalement inoffensif pour l'homme qui peut même l'apprivoiser. Une pieuvre amoureuse d'un homme, c'est possible ?

Combien de fois par jour la Terre est-elle touchée par la foudre ?

Quelle drôle de question ! Vous imaginez quelqu'un compter les éclairs sur ses doigts ? Mais quelle est la différence entre la foudre et les éclairs ? Un éclair se contente d'illuminer le ciel. Quand il touche la Terre, on lui donne le nom de foudre.

Pour les compter, on utilise des détecteurs de foudre, des radars, des antennes météo et des satellites. Grâce à eux, on sait que la foudre tombe environ 88 000 fois par jour sur la Terre. Ce n'est rien par rapport au nombre d'éclairs qui se produisent dans le ciel sans descendre jusqu'à nous : ils sont quatre fois plus nombreux. En un an, le ciel se zèbre 128 millions de fois.

La foudre est toujours accompagnée du tonnerre et le plus souvent, vous entendez le bruit après avoir vu l'éclair. Sachant que le son se déplace à la vitesse de 3 kilomètres par seconde, si vous comptez les secondes qui séparent l'éclair du coup de tonnerre et si vous divisez par trois, vous obtenez la distance en kilomètres qui vous sépare de l'orage. Plus le chiffre est petit, plus vous êtes près de lui !

Pour la distance qui vous sépare de la pâtisserie et de ses éclairs au chocolat, demandez à vos chaussures, elles connaissent la réponse…

Combien de fois dois-je tourner ma langue dans ma bouche ?

Sept fois, avant de parler !
Il s'agit là d'une expression.
Elle signifie que si vous tournez
votre langue plusieurs fois dans votre bouche
avant de parler, cela vous donnera le temps de
réfléchir à ce que vous voulez dire et peut-être, à
la fin, déciderez-vous de vous taire. Car celui qui
ne dit rien ne risque pas de dire des bêtises !

Mais pourquoi sept, et pas quatre ou soixante-douze ? Parce que sept est un chiffre très utilisé : les sept jours de la semaine, les sept péchés capitaux…

Il existe d'autres
expressions faisant appel aux chiffres :
Se ressembler comme *deux* gouttes d'eau
Aller au *triple* galop
Couper les cheveux en *quatre*
Être unis comme les *cinq* doigts de la main
Se retrouver à *six* pieds sous terre
Subir *sept* ans de malheur
Faire les *trois-huit*
Faire la preuve par *neuf*
Répéter *dix* fois la même chose
Être sur son *trente-et-un*
Faire *trente-six* choses à la fois.

Etc. On trouve
des expressions utilisant
des chiffres dans presque
toutes les langues. Peut-être
parce que les hommes
considèrent que les chiffres
sont magiques.

Deux
exemples : en
Tunisie, le 7 juillet 2007,
la compagnie aérienne
Tuninter a été rebaptisée
Sevenair. Les Jeux Olympiques
de Pékin se sont ouverts le 8 août
2008 à 8 heures du soir.
Et vous, quel est votre chiffre
préféré ?

Combien de temps le Soleil va-t-il encore briller ?

Assez longtemps pour que la mode des lunettes de soleil change… un certain nombre de fois ! Le Soleil est une étoile qui est appelée à disparaître, comme toutes les étoiles. Ce soleil, autour duquel tourne la Terre, n'est rien d'autre qu'un immense nuage de gaz composé d'hydrogène et d'hélium.

Son poids est de 2 milliards de milliards de milliards de tonnes. Mais ce nuage de gaz ne cesse pas de se consumer. Chaque seconde, ce sont 627 millions de tonnes d'hydrogène qui brûlent et qui se transforment en 623 millions de tonnes d'hélium. Il y a donc une perte de 4 millions de tonnes par seconde. Le Soleil diminue petit à petit, et rien ne pourra jamais l'arrêter. C'est effrayant !

Bah… Pas tant que ça, et pour deux très bonnes raisons. D'abord, parce que ces 4 millions de tonnes par seconde ne sont pas perdues pour tout le monde. Elles se transforment en lumière qui nous éclaire. Autrement dit, si le Soleil ne brûlait pas sans cesse, nous serions dans le noir !

Ensuite, il faut savoir que le Soleil, qui est âgé d'environ cinq milliards d'années, va continuer de briller pendant cinq milliards d'années encore. Alors pas d'inquiétude, et surtout n'oubliez pas votre lotion solaire écran total !

Combien de mètres un aliment parcourt-il dans le corps ?

Avalons une cerise, un morceau de pomme, du hachis parmentier ou des épinards (non ! pas d'épinards !). La cerise va parcourir un long voyage dans notre corps : elle entre d'abord dans notre bouche, descend dans l'œsophage, long de 25 centimètres, et tombe, au bout de huit secondes, dans l'estomac qui est profond d'environ 8 centimètres. Il commence alors à digérer la cerise, grâce aux sucs digestifs.

La cerise passe ensuite dans l'intestin grêle. Situé au bas de l'estomac, il s'enroule comme un serpent sur une longueur de 6 mètres. La digestion continue.

En bas, à hauteur de l'appendice, il est relié au gros intestin qui remonte sur notre côté droit puis redescend le long de notre côté gauche pour se terminer à l'anus. À ce moment, la digestion de la cerise est terminée, il ne reste plus que les déchets.

Au total, la cerise aura parcouru 8 mètres et sera digérée en quatre heures. Le trajet d'un repas entier dans le corps peut durer de quatre à six heures. Si vous n'aimez pas les cerises, on peut refaire l'expérience avec des épinards. Non ? Ah bon.

PAR ICI LA VISITE DE LA GROTTE !

Combien de temps mettra un escargot pour sortir d'un puits profond de 12 mètres ?

… sachant qu'il grimpe 3 mètres en un jour mais glisse de 2 mètres chaque nuit ? Réfléchissons. S'il grimpe 3 mètres le jour et en redescend 2 la nuit, il parcourt 1 mètre par vingt-quatre heures. Comme il a 12 mètres à parcourir, il lui faudra donc douze jours. Logique.

Eh bien non ! Fausse réponse. Ah bon ? Pourquoi ? Recommençons. Les premières vingt-quatre heures, il a parcouru 1 mètre. Les deuxièmes vingt-quatre heures, il a parcouru 1 mètre. Au matin du dixième jour, il a donc gravi 9 mètres.

À la fin de la journée, il a effectué ses trois derniers mètres et il est arrivé au sommet du puits ! Il a donc parcouru les 12 mètres en neuf jours et demi. Facile, simple question de logique !

Une autre énigme lente : combien de temps mettra un escargot pour atteindre une feuille de salade située à 1 mètre de distance si le premier jour il parcourt 50 centimètres, le deuxième jour 25 centimètres, le troisième jour 12,5 centimètres, etc. ? Réfléchissons. Ah, c'est compliqué !

Chaque jour, il effectue la moitié de la distance restante. À ce rythme-là, il n'arrivera jamais à la feuille de salade parce qu'il lui restera toujours la moitié d'une distance à parcourir. Et si la feuille de salade se trouve au bord d'un puits…

PRÊT POUR UNE COURSE JUSQU'AU SOMMET DU PUITS ?

PRESQUE !

Douze heures plus tard

GNGN GNGN !

AHAHAH... INUTILE DE COURIR : J'AI PRESQUE FINI MA FUSÉE !

Combien de jours y a-t-il dans une année ?

Ben, 365 ! Oui mais ça se complique avec les années bissextiles. Cette année-là, on a droit à un 29 février. Voici l'explication : notre calendrier est calculé sur le temps que met la Terre pour faire le tour du Soleil : 365,2425 jours. Soit une année.

Mais ça ne tombe pas juste ! 365 ou 366, il faut choisir… Alors, en 1583, le pape Grégoire XIII décida que pour tomber juste, il fallait ajouter un jour tous les quatre ans, le 29 février.

Cela dit, notre calendrier cache bien d'autres bizarreries. En l'an 525, un moine décida que l'année n° 1 avait commencé une semaine après la naissance de Jésus, c'est-à-dire en l'an 753 du calendrier romain. Et depuis, on a gardé son calcul.

« 26 FÉVRIER / 27 FÉVRIER / 28 FÉVRIER »

« 1ᵉʳ MARS ?!? » « PAS DE 29 FÉVRIER ?? »

« AU SECOURS ON A VOLÉ MON JOUR D'ANNIVERSAIRE ! »

Mais le moine s'était trompé. En effet, on pense aujourd'hui que Jésus est né en l'an 746 du calendrier romain, et non pas en 753. Soit en l'an 7 avant Jésus-Christ !

Autre chose : Jésus n'est pas né à Noël. Cette date a été choisie en l'an 354, parce que c'était le jour d'une fête romaine très populaire célébrant la renaissance du Soleil. Avant, on célébrait la naissance de Jésus le 6 février, qui est maintenant le jour des Rois. Sauf chez les orthodoxes, qui continuent de fêter sa naissance à cette date.
Et si Jésus était né un 29 février ?

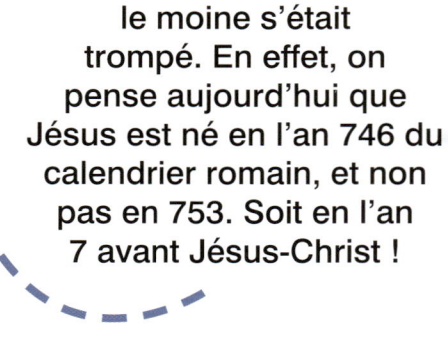

Combien de temps faut-il aux abeilles pour remplir un pot de miel ?

Ça y est, c'est l'heure tant attendue du goûter. Vous vous précipitez sur le pot de verre et vous avalez une cuillère à café de miel. Sans vous en rendre compte, vous venez d'ingurgiter en une seconde le résultat d'un travail phénoménal !

Une abeille visite entre trois et quatre mille fleurs par jour. Elle y récupère un demi-gramme de nectar qui permettra aux quarante mille ouvrières de la ruche de fabriquer un dixième de gramme de miel.

Sachant qu'une cuillère à café contient 5 grammes de miel, il faudra qu'elles travaillent pendant cinquante jours pour remplir une seule cuillère ! Chaque jour, l'abeille butineuse effectue, en moyenne, vingt-cinq voyages de 1 kilomètre. Et chaque voyage lui demande environ un quart d'heure, soit six heures et quart de vol par jour.

La petite cuillerée à café de miel que vous avalez en une seconde représente donc un voyage long de 1 250 kilomètres effectué en trois cent douze heures et trente minutes !

Si une abeille devait remplir à elle seule un pot de miel de 500 grammes, elle devrait parcourir, pendant mille six cents jours, un peu plus de trois fois le tour de la Terre ! Pas mal !

Combien d'espèces animales sont-elles en voie de disparition ?

Regardez bien les émissions animalières à la télé, car bientôt ce sera le dernier endroit où voir des rhinocéros noirs, des gibbons cendrés ou des phoques moines de Méditerranée en liberté.

Ces animaux font partie d'une liste de trois cent soixante-quatre espèces animales et végétales en danger critique d'extinction. Il reste pour l'instant six cents phoques moines et d'ici quelques années, ils auront totalement disparu.

Une deuxième liste recense cinq cent soixante-neuf animaux et végétaux en danger. Parmi eux, le chimpanzé, le tigre ou le panda géant, dont il ne reste que six mille individus. Pour eux, il existe un énorme risque d'extinction.

Une troisième liste, enfin, recense huit cent quarante-sept animaux et végétaux vulnérables dont il ne reste que dix mille individus adultes : la baleine à bosse, le cachalot, le guépard. La disparition d'espèces est une loi de la nature : on ne voit plus de dinosaures gambader dans la savane. Mais jamais la Terre n'a vu disparaître autant d'animaux en si peu de temps.

Si nous continuons de détruire notre environnement, la moitié des espèces actuellement vivantes aura disparu dans cent ans. La pollution, la déforestation, l'urbanisation et le braconnage sont les principaux responsables. L'avenir de la planète est entre nos mains.

BOUH BOUH

IL EST SUR UNE DES LISTES !

Combien y a-t-il de chevaux, de cerfs et d'aurochs dans la grotte de Lascaux ?

Les parois de la grotte préhistorique la plus célèbre du monde comptent un millier de dessins, dont six cents animaux. Parmi eux, trois cent cinquante-cinq chevaux, quatre-vingt-huit cerfs et quatre-vingt-sept aurochs (l'ancêtre du taureau et du bœuf).

JE SUIS UN PEINTRE D'AVANT-GARDE !

Un seul homme figure dans la grotte. Il a blessé un bison d'un coup de sagaie et celui-ci lui fonce dessus.

La grotte de Lascaux, située dans le Périgord, une région française, a été découverte en 1940 par quatre adolescents partis à la recherche de leur chien. Elle a été peinte il y a environ dix-sept mille ans. Depuis, on a trouvé en France d'autres grottes encore plus anciennes.

La grotte Cosquer, découverte en 1991, a été peinte il y a dix-huit à vingt-huit mille ans. Et la grotte Chauvet, découverte en 1994, date d'environ trente mille ans. Elle contient les plus anciennes fresques préhistoriques connues à ce jour.

Pourquoi les hommes de ces époques ont-ils réalisé toutes ces peintures ? Peut-être était-ce pour des raisons religieuses. Ou bien, ils peignaient les animaux qu'ils essayaient d'attraper à la chasse. Ou encore, pour passer le temps parce qu'ils s'embêtaient le soir. On n'en sait rien. En plus, ils n'ont même pas signé leurs chefs-d'œuvre. Mais là ils avaient une bonne excuse, ils n'avaient pas encore inventé l'écriture !

Combien y a-t-il de chevaux dans une voiture

HUE !

On dit souvent qu'une voiture a un moteur de 90, 100, 110 chevaux. Comment autant d'animaux peuvent-ils tenir dans un si petit espace ? Même en les rangeant dans le coffre c'est impossible !

Essayons d'expliquer (attention, c'est compliqué) : on parle, plus exactement, de cheval-vapeur. Pourquoi ? Parce qu'au XIXe siècle on comparait la puissance d'une machine à vapeur avec la force d'un cheval. À cette époque, les trains roulaient à la vapeur, bien sûr.

Mais les tramways, qui étaient beaucoup plus nombreux, étaient encore tirés par des chevaux. La force d'un cheval était donc la référence. On disait qu'une machine à vapeur avait la force de x chevaux.

Le cheval-vapeur est donc une puissance, qui s'exprime en force électrique. Dans le système métrique, 1 cheval-vapeur (en abrégé : ch) est égal 736 watts. Dans le système anglo-saxon, il est égal à 746 watts. Autrement dit, la même voiture, elle a été vendue en Italie ou en Grande-Bretagne, n'aura pas le même nombre de chevaux sous le capot !

Au cas où vous voudriez évoquer ce sujet passionnant lors de vos voyages, voici comment on dit « cheval-vapeur » dans différentes langues. En anglais : *horsepower* ; en danois : *hestekraft* ; en turc : *beygir gücü* ; en tchèque : *koňská síla* ; en néerlandais : *paardenkracht* ; en albanais : *kalë-fuqi* ; en russe : *лошадиная сила*.

Combien d'hommes ont-ils vécu sur Terre jusqu'à l'an 2000 ?

Connaissez-vous Adnan Mevic ? Il est né le 12 octobre 1999 à Sarajevo, en Bosnie-Herzégovine. Il a un surnom étrange, on l'appelle le « bébé 6 milliards ». Car il est, selon l'Organisation des Nations unies (ONU), le six milliardième humain vivant sur la planète.

Jamais nous n'avons été si nombreux. Et vu le nombre de naissances qui augmente régulièrement, Adnan Mevic sera détrôné en 2012-2013 par un « bébé 7 milliards ». Et en 2050 naîtra un « bébé 9 milliards ».

Selon les estimations, entre l'apparition de l'homme sur Terre et l'an 1, il est né 43 milliards d'êtres humains. Entre l'an 1 et l'an 2000, il en est né 38 milliards de plus. Soit presque autant que pendant les trois millions d'années qui ont précédé.

On se rend compte que la machine à fabriquer des humains s'emballe. Plus nous sommes nombreux, plus nous consommons de l'énergie. Nous abattons des forêts qui ont grandi pendant des siècles, nous brûlons des milliards de litres de pétrole qui ont mis des millions d'années à se constituer, etc. Chacun rêve de vivre dans le confort, et c'est normal. Mais en nous comportant ainsi, nous épuisons la Terre et nous courons à notre propre perte.

La solution ? Consommer moins et développer des sources d'énergie non polluantes. C'est le seul moyen pour que le futur « bébé 9 milliards » ait une vie heureuse.

— ESPRIT, ES-TU LÀ ?...
— ESPRIT, RÉPONDEZ !
— SOYEZ PLUS PRÉCIS SUR VOTRE CORRESPONDANT ! ON EST TRÈS NOMBREUX ICI !!!

Combien de kilomètres une carotte de supermarché parcourt-elle ?

Avant, on allait cueillir les carottes dans le jardin et il ne leur fallait pas plus de trois minutes pour rejoindre la cuisine. Aujourd'hui, de moins en moins de gens ont un jardin, mais surtout presque tous vont au supermarché pour acheter leurs fruits et légumes.

Les carottes que vous achetez ont été plantées à des dizaines, voire des centaines de kilomètres de chez vous. Il se peut même qu'elles aient traversé l'océan : sur l'île de la Réunion, on trouve des carottes et des pommes de terre qui viennent d'Australie, à 6 000 kilomètres de là ! Elles ont voyagé dans des camions, ont été stockées dans des entrepôts, ont dormi dans le froid des frigos, avant d'arriver sur les étals du supermarché.

Elles ne sont pas les seules à parcourir de telles distances. S'il vous prend l'envie de manger des fruits hors saison, sachez que les fraises viendront d'Israël ; les poires, des Pays-Bas ou d'Afrique du Sud ; les tomates, du Maroc ou d'Italie ; les asperges, du Pérou ou du Mexique (10 000 kilomètres de distance !).

Tout ceci coûte une véritable fortune en énergie et en emballages. On brûle des tonnes de pétrole, on rejette de l'oxyde de carbone dans l'atmosphère, on pollue pour garnir notre assiette qui n'en demande pas tant.

Alors regardons attentivement les étiquettes avant d'acheter et croquons des carottes du jardin : ça rend aimable !

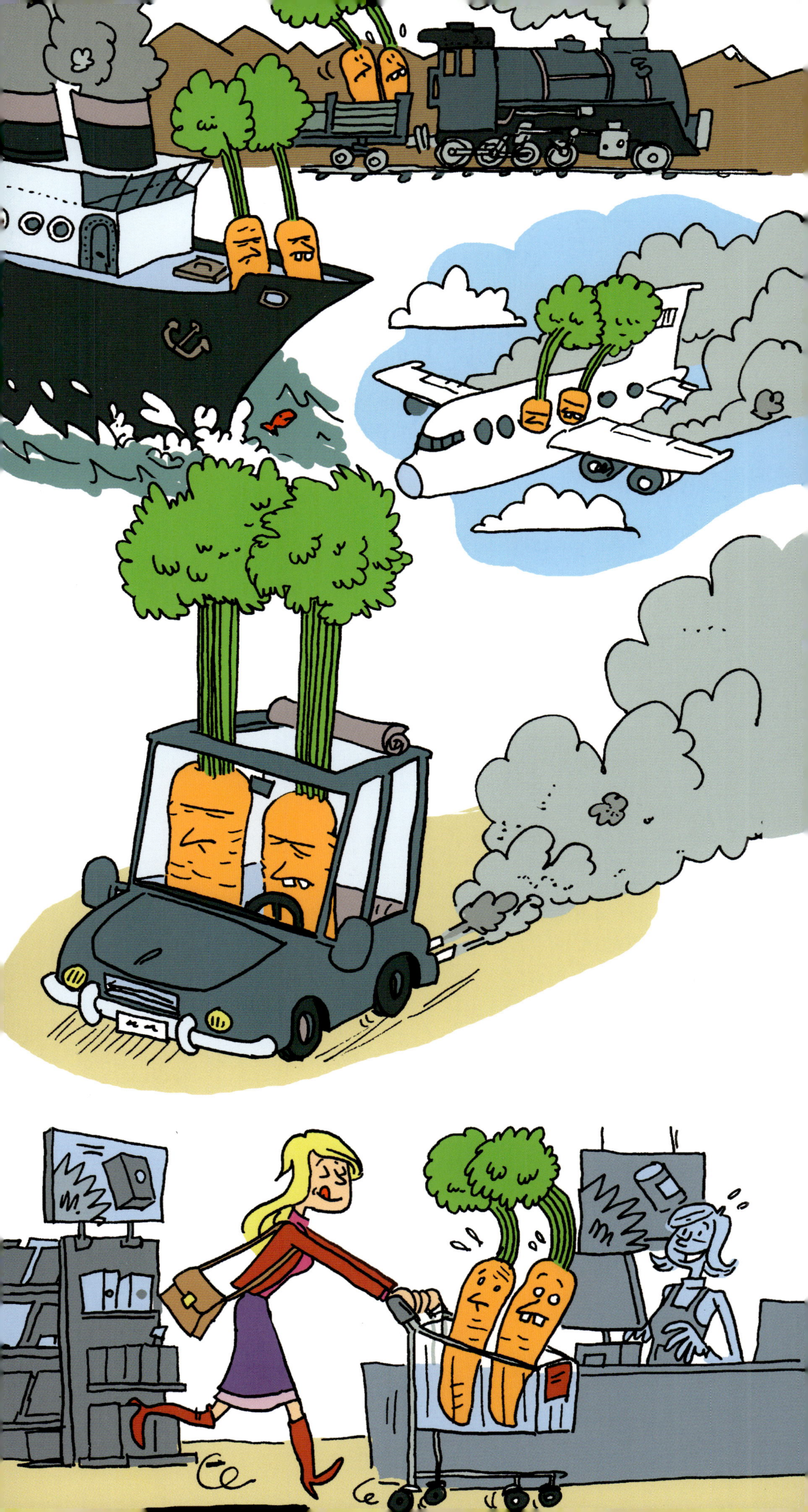

Combien de pattes a le mille-pattes ?

Ne faites pas confiance au mille-pattes, c'est un petit menteur : il fait partie des invertébrés « myriapodes », ce qui signifie « dix mille pattes ». Non seulement il n'a pas dix mille pattes comme son nom l'indique, mais il n'en a même pas mille ! Petit farceur !

Pourquoi l'appelle-t-on alors « mille-pattes » ? Parce que les gens n'ont pas eu le courage de compter une à une toutes les pattes de ces mille-pattes, dont il existe quand même dix mille espèces différentes. Peut-être qu'ils avaient peur d'en oublier une ou deux. Ou dix, cent, mille !

Le gloméris est le plus petit des mille-pattes. Il en a trente-quatre, sur un corps de 1 à 2 centimètres de long. Le plus grand, c'est le scolopendre. Il mesure 10 centimètres de long en Europe, et 30 dans les régions tropicales. Combien de pattes ? Quarante seulement. On est loin du millier !

Il existe toutefois un mille-pattes qui bat tous les records de petits pieds. Il s'appelle *Illacme plenipes*, et a été découvert en 2006 aux États-Unis, en Californie. Cet animal, qui mesure entre 1,4 et 3,3 centimètres, possède tout de même sept cent cinquante pattes ! Et chaque matin, il a besoin d'un microscope pour lacer ses chaussures. Drôle de vie !

Combien y a-t-il de planètes dans le ciel ?

Jusqu'en 2006, notre système solaire en comptait neuf : Mercure, Vénus, la Terre, Mars, Jupiter, Saturne, Uranus, Neptune et Pluton. Mais soudain, patatras ! Pluton disparaît de la liste ! La planète s'est-elle désintégrée ? Est-elle tombée dans un trou noir ?

Allo ici la Terre ! ... Nous avons un problème !

Pas du tout. Elle est toujours là, et n'en finit pas de tourner autour du Soleil en neuvième position. En fait, on l'a simplement déclassée à cause de sa trop petite taille et on l'a rangée dans la catégorie des planètes naines, avec Cérès et Éris.

Qu'il y ait huit ou neuf planètes dans le système solaire, cela importe peu, car elles ne pèsent pas lourd à côté des exoplanètes. Hein ? C'est quoi ça ?

Une exoplanète, c'est une planète qui ne tourne pas autour de notre Soleil mais autour d'une autre étoile. Jusqu'à une date récente, on ne pouvait pas les voir parce qu'on n'avait pas de matériel assez puissant. Mais la science fait tous les jours des progrès et en 1995 on a découvert qu'une planète tournait autour de l'étoile baptisée 51 Pegasi. Cette exoplanète se trouve à 40 années-lumière de la Terre (37 869 milliards de kilomètres) et porte le joli nom de 51 Peg b.

Depuis, on a recensé trois cent trois autres exoplanètes. Et ce n'est pas fini. L'une d'entre elles abrite-t-elle des petits hommes verts ? Préfèrent-ils la vanille ou le chocolat ?

51

Combien y a-t-il de chiffres et de nombres ?

Moi je sais !
Il y a dix chiffres !
1, 2, 3, 4, 5, 6, 7, 8, 9, et 0.
Pas onze ou seize, dix seulement. C'est suffisant pour écrire n'importe quel nombre, même si les nombres sont infinis.
Chiffres, nombres, quelle est la différence ?

Quand on écrit « 52 bonbons au caramel », 5 et 2 sont des chiffres, c'est-à-dire de simples signes qui servent à écrire le nombre 52.
On les utilise, parce que c'est plus facile d'écrire 52 que de tracer cinquante-deux petits traits pour dire combien il y a de caramels.

Parmi les dix chiffres, il en existe un qui a une histoire un peu différente des autres. C'est le zéro.

Il fut inventé par les Babyloniens, au IIIe siècle avant Jésus-Christ. Mais le zéro ne servait pas à indiquer des dizaines. Et donc, il n'était pas utilisé dans les additions. Il servait seulement à marquer le vide, l'absence : « il y a zéro bonbon au caramel ».

Ce sont les Indiens d'Inde qui ont eu, au Ve siècle, l'idée de se servir du zéro en tant que nombre. Ainsi, 0 ne servait plus seulement à désigner l'absence, mais permettait d'écrire facilement des chiffres dépassant 9. Les Arabes l'ont adopté au VIIIe siècle, les Occidentaux ont attendu le XIIe siècle. Voilà pourquoi nous pouvons écrire aujourd'hui : « 50 bonbons au caramel ».
Cinquante ? Il en manque deux !

AVANT...

LE ZÉRO N'EXISTAIT PAS!

Combien de pattes a une araignée ?

— Mamaaan ! Il y a un affreux insecte dans la cuisine, une araignée !
— Combien a-t-elle de pattes ?
— Au moins douze ! Et quatre antennes !
— Ne t'en fais pas, ce n'est ni une araignée ni un insecte, d'ailleurs.

En effet, l'araignée n'est pas un insecte mais un arachnide. Comme le scorpion et les acariens. Les arachnides (le mot vient du grec *arachné* qui signifie « araignée ») ont huit pattes, des yeux simples, pas d'ailes et pas d'antennes. Les insectes, eux, n'ont que six pattes. Mais ils ont des antennes, et parfois même des ailes et des yeux à facettes.

Les insectes ont des goûts culinaires très variés : les libellules dégustent des moustiques, les papillons se régalent du nectar des fleurs, les termites croquent du bois. Les araignées, elles, sont toujours carnivores et se nourrissent exclusivement d'insectes.

Mais à leur tour, elles servent de repas à d'autres animaux ! Certains reptiles et beaucoup d'oiseaux les adorent à l'apéritif. Et il existe un insecte chargé de venger tous les autres, c'est le pompile. Cet animal, qu'on trouve principalement dans les régions tropicales, adore les araignées qu'il avale au petit déjeuner, au dîner et au souper.

— Mamaaan ! Tu avais raison, ce n'est pas une araignée. Ni un insecte.
— C'était quoi, alors ?
— Deux insectes. Un couple de fourmis en voyage de noces.

IL EST PRATIQUE, LE VÉRITABLE HOMME-ARAIGNÉE !

Combien de temps faut-il pour qu'un sac plastique se décompose ?

Un sac plastique, c'est vingt secondes de fabrication, vingt minutes d'utilisation du supermarché à la maison… et quatre cents ans avant qu'il soit entièrement décomposé. Quel gaspillage !

Il suffit d'un coup de vent et hop, il s'envole et finit par s'accrocher aux branches des arbres. En mer, les tortues et les baleines s'étouffent avec, en croyant avaler de la nourriture. Le sac plastique est donc une horreur pour l'air, la terre, l'eau, les humains et les animaux.

Quand un sac plastique finit à la décharge publique, on le brûle et des polluants se répandent dans l'atmosphère. Si on l'abandonne, c'est encore pire : sa très lente décomposition libère dans le sol des produits toxiques qui polluent la terre et les eaux souterraines.

Il existe aujourd'hui des sacs dits « biodégradables », fabriqués selon deux méthodes très différentes. Les premiers, créés à base de pétrole, se décomposent rapidement en petits morceaux et donnent l'impression de disparaître. En réalité, ils sont toujours là et le problème reste le même. Les seconds sont fabriqués à base d'amidon de maïs et peuvent se désagréger dans le sol sans polluer. Mais la culture du maïs consomme énormément d'eau et c'est un énorme gaspillage.

La seule solution vraiment efficace consiste donc à se passer des sacs plastique et à utiliser les cabas de nos grand-mères ou des sacs en papier recyclé. À condition de les jeter dans les bonnes poubelles.

Combien y a-t-il de kilomètres de veines et d'artères dans le corps humain ?

Notre corps est traversé par un réseau de veines, d'artères et de vaisseaux dans lequel circule un drôle de liquide : le sang. Ce réseau mesure environ 100 000 kilomètres, soit deux fois et demi le tour de la Terre ! Mais à quoi sert-il ?

Les artères transportent le sang du cœur aux poumons, où il récupère l'oxygène. Ensuite, il passe par d'autres artères et grâce aux capillaires, il s'en va nourrir les muscles. En même temps, il récupère des poisons et des déchets qu'il va apporter au foie et aux reins, et du dioxyde de carbone qu'il va garder un peu avec lui.

Car le dioxyde de carbone ne peut être relâché que dans les poumons. Pour y aller, le sang passe alors par les veines qui le remontent vers le cœur. Et le cœur, qui n'est qu'une pompe, renvoie le sang aux poumons. Là, il se libère enfin du dioxyde de carbone, et le cycle recommence : il récupère de l'oxygène, repart dans les muscles, etc.

Il lui faut trente secondes pour faire le tour complet du circuit, cent mille fois par jour. Et personne ne le verbalise pour excès de vitesse !

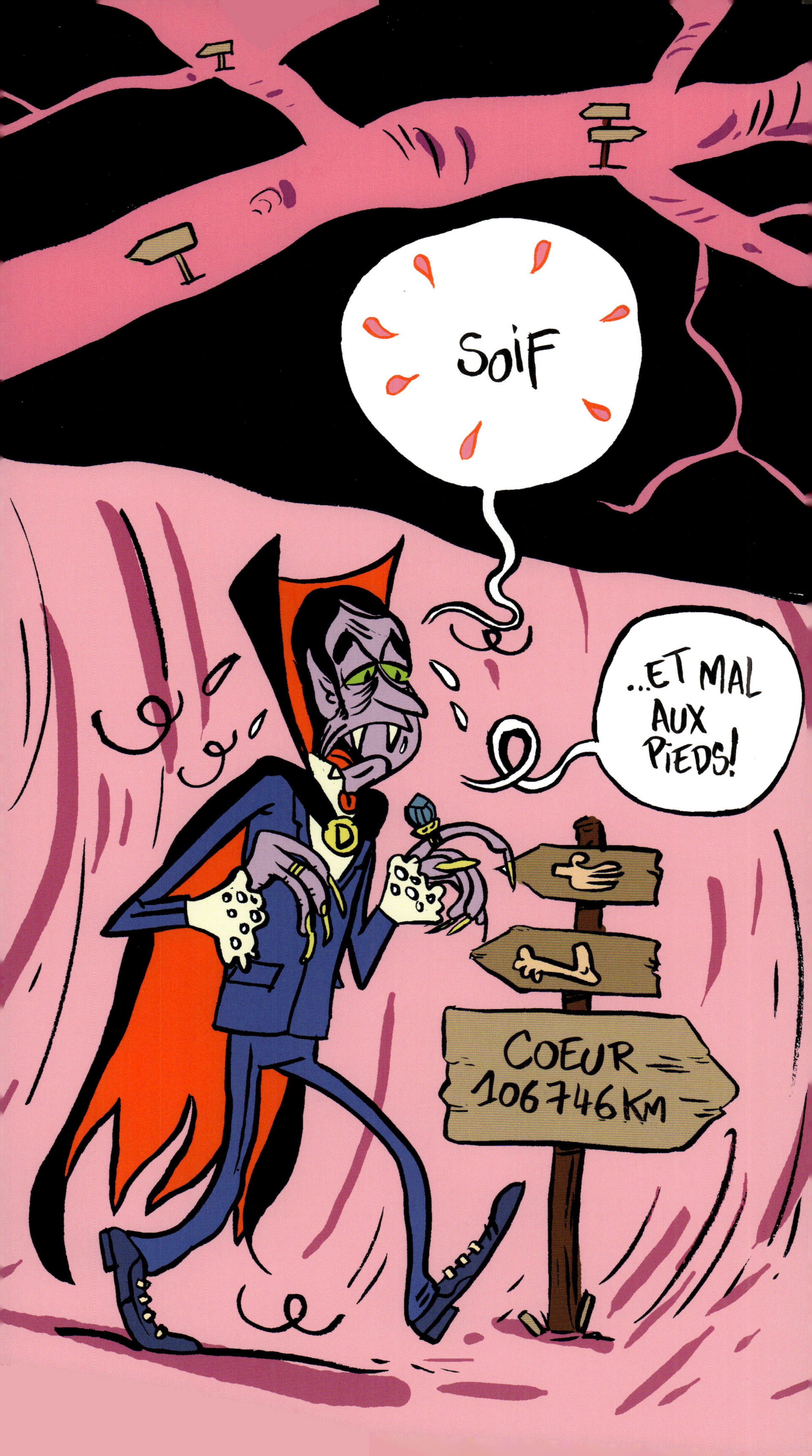
SOIF
...ET MAL AUX PIEDS!
COEUR
106 746 KM

Combien de SMS envoie-t-on chaque jour dans le monde ?

LES SMS, C'EST MOINS POLLUANT !

— slt sava ?
— ui onsvoi 2m1 ?
C'est quoi ce charabia ? Du langage SMS qui signifie :
— Salut, ça va ?
— Oui. On se voit demain ?

Le langage SMS (*Short Message Service*) est utilisé avec les téléphones portables. Beaucoup de personnes ont pris l'habitude d'abréger les mots de cette manière, pour deux raisons : parce que c'est plus rapide, et parce qu'un SMS ne peut contenir que cent soixante lettres ou signes de ponctuation.

Alors, combien de SMS envoie-t-on par jour ? La Grande-Bretagne bat le record du monde avec, en moyenne, cent SMS par personne et par mois ! Un Américain n'en envoie, lui, que trente-deux. En Chine, on envoie aussi beaucoup de SMS, mais le téléphone portable est encore assez peu répandu. C'est également le cas dans de nombreux pays où le téléphone portable est un luxe inutile quand on a du mal à se procurer de quoi manger.

Au Japon, qui est un pays très riche, le SMS n'existe pas. Il est remplacé par les courriels, qui peuvent se recevoir sur les téléphones. Le courriel téléphonique remplacera-t-il le SMS ? Certains industriels pensent que oui.

En attendant, on estime qu'en 2008, deux mille trois cents milliards de SMS auront été échangés à travers le monde. Soit quatre millions quatre cent mille par minute. Question : combien de milliards de milliards de milliards de fôte dortograf dans tous ces SMS ?

Combien de dents possède un escargot ?

Il a l'air si inoffensif sur sa feuille de salade, l'escargot. Il ne parcourt que 1 millimètre par seconde, et l'on ne risque pas d'être surpris par une attaque violente. Méfiez-vous, cependant. Car l'escargot n'est pas ce qu'il paraît. Peut-on faire confiance à un animal qui a sa tête au bout de son pied et qui mange des feuilles, des détritus ou des cadavres d'insectes ? Parfois, il va même jusqu'à manger ses semblables, on dit qu'il est cannibale !

Afin de dévorer son repas favori, l'escargot a besoin de dents. Figurez-vous qu'il en a à ne plus savoir qu'en faire et qu'elles ressemblent à des crocs : l'escargot de Bourgogne en a vingt mille, tandis que certaines espèces en ont cent mille ! Mais comment sa petite bouche peut-elle contenir tant de dents ? En réalité, elles sont toutes disposées sur sa langue, qu'on appelle *radula* en latin (râpe, en français).

Pour broyer sa nourriture, il suffit de l'écraser entre sa langue râpeuse et son palais. Redoutable, n'est-ce pas ?

Mais au bout d'un moment, forcément, ses dents s'émoussent. Pas de problème ! Pendant que celles de devant disparaissent sous l'usure, d'autres poussent à l'arrière et avancent progressivement, comme si elles étaient fixées sur un tapis roulant.

Les limaces possèdent également cette langue en forme de râpe et de tapis roulant. Alors si par hasard vous croisez une limace ou un escargot géants, courez vite !

Combien faut-il de spermatozoïdes pour faire un bébé ?

C'est la plus fantastique course du monde, une course comme on n'en a jamais vu ailleurs, le marathon des spermatozoïdes. Mais au fait, c'est quoi un spermatozoïde et où peut bien le mener sa course ? Les spermatozoïdes sont des cellules sexuelles contenues dans les testicules du Monsieur. Leur but est de féconder l'ovule, la cellule sexuelle de Madame, afin de faire un bébé.

Lorsque Monsieur introduit son sexe dans celui de Madame, il en jaillit un liquide qu'on appelle le sperme : c'est le top départ pour 200 millions de spermatozoïdes qui se disputent la première place pour arriver au fond du sexe de Madame. Ils remontent jusqu'au col de l'utérus. De nombreux spermatozoïdes sont stoppés à cet endroit décisif.

Ceux qui en réchappent arrivent alors devant deux « portes » : les trompes de Fallope. Là, ils ont une chance sur deux de tomber sur l'ovule prêt à être fécondé. Faut-il s'engager dans celle de gauche ou celle de droite ? Pas le temps de réfléchir, la moitié des spermatozoïdes remonte dans la mauvaise direction et se retrouve coincée. Mauvais choix !

Les spermatozoïdes qui remontent dans la bonne direction ne sont plus que quelques centaines à s'approcher de l'ovule. Vite ! Vite ! Dépêchons-nous ! Car là encore, il faut être le premier mais surtout le plus fort pour parvenir à entrer et à féconder l'ovule. C'est la dure loi du sport !

JE CHOISIS CELUI AVEC LE BOUQUET DE FLEURS !

Combien y a-t-il de clous sur la planche à clous d'un fakir ?

VOICI NOTRE MODÈLE "CONFORT"...

...ET LE MODÈLE "SAIGNANT"!

Il est maigre, torse nu et coiffé d'un turban. C'est un fakir indien. Il s'assoit, puis s'allonge sur une planche à clous. Aïe, aïe, aïe ! On a mal pour lui, on se dit qu'il va être transpercé. À moins qu'il ne sente plus rien grâce à ses exercices de méditation pratiqués depuis des années ? Dans tous les cas, on n'aimerait pas être à sa place.

Et pourtant ! Cet exercice n'a rien d'extraordinaire. Petite explication pointue : Supposons un fakir de 70 kilos. Si sa planche n'a que dix clous, il s'exercera une pression de 7 kilos sur chaque clou. Un tel poids sur une si petite surface (la pointe du clou) fera que le corps s'enfoncera et sera transpercé par le clou. Aïe ! Ouille !

Si la planche a cent clous, le poids reposant sur chaque clou sera dix fois plus petit, soit 700 grammes. S'il y en a cinq cents, le poids sur chaque clou sera de 140 grammes seulement.

Au départ, cette habitude de s'allonger sur une planche à clous était un exercice de concentration. Et puis, avec le temps, c'est devenu une attraction de cirque. Certains fakirs se font poser, sur le ventre, un bloc de ciment qu'un assistant casse avec une masse.

C'est très spectaculaire, mais c'est toujours le même principe qui fonctionne : la force de la masse se divise par le nombre de clous et le fakir ne sent presque rien. Cela dit, un matelas et une couette, c'est tout de même plus confortable !

Combien faut-il d'années avant que la banquise ne fonde ?

Les ours s'inquiètent. Il fait de plus en plus chaud sur Terre, à tel point que, bientôt, leur chère banquise, tout là-haut à l'extrême nord de la planète, n'existera plus. Où s'installeront-ils alors pour bronzer ?

La banquise se forme chaque année au début de l'hiver, dès que commence le froid polaire. Au plus fort de l'hiver, la banquise recouvre environ 14 millions de kilomètres carrés. Quand l'été revient, elle fond partiellement et c'est la moitié de sa surface qui redevient liquide.

Ça, c'est le processus normal, celui qui a fonctionné pendant des milliers d'années. Aujourd'hui, avec le réchauffement des températures, la banquise se forme plus difficilement en hiver et fond plus vite en été. Les relevés effectués par les satellites nous montrent qu'en vingt-cinq ans sa surface a diminué d'un quart.

Et comme les rayons du soleil viennent frapper une plus grande surface d'eau, cette eau qui se réchauffe fait fondre la banquise. C'est le cercle infernal.

Les scientifiques les plus optimistes pensent que la banquise d'été aura disparu d'ici 2025. Les plus pessimistes pensent que ce sera fait dès 2010. Les ours s'inquiètent…

POURQUOI CE GLAÇON TE FAIT PLEURER?
CE N'EST PAS UN GLAÇON...
C'EST TOUT CE QUI RESTE DE LA BANQUISE!

Combien y a-t-il de faces sur un dé ?

Un 4, un 2, un 1… 421 ! Vous avez jeté vos trois dés et vous avez gagné ! Un dé a six faces, numérotées avec des points de 1 à 6. Les deux chiffres opposés ont toujours une somme égale à 7 : à l'opposé du 1 on trouvera le 6, à l'opposé du 2 le 5, à l'opposé du 3 le 4. Si ce n'est pas le cas, le dé est truqué !

Il existe aussi des dés qui ne sont pas cubiques : ils ont huit, dix, douze ou vingt faces et sont utilisés dans les jeux de rôles. On les numérote avec des chiffres, parce que la place est trop petite pour y graver des points. Un dé à vingt faces s'appelle un icosaèdre. Les Romains jouaient avec, il y a deux mille ans déjà.

Mais c'est en Égypte qu'on a trouvé les plus anciennes traces de jeux de dés. On n'utilisait pas des cubes, mais des petits os et des dents d'animaux. Et dès cette époque on pariait de l'argent, et on se ruinait sur un jet de dés.

JE T'ÉGORGE
JE T'ÉTRIPE
JE T'EMBROCHE
JE T'ÉCARTÈLE
JE TE PENDS
JE T'ÉTRANGLE
VOUS N'AVEZ PAS UN AUTRE JEU DE DÉS ?

Les dés font partie des jeux de hasard, et ce n'est pas un hasard, justement, si ces deux mots sont associés. On raconte qu'au XIIe siècle, des croisés anglais avaient attaqué le château de Haz Hard, en Syrie. C'est là que leur chef, Sir William de Tyre, inventa un nouveau jeu de dés qu'il baptisa du nom du château, Haz Hard. Le mot se transformera plus tard en *hasard,* et servira à définir quelque chose d'imprévisible. En arabe, un dé à jouer se dit *az-zahr*. Comme par hasard !

64

Combien de dieux existe-t-il ?

Yahvé, Allah, Dieu, Zeus, Ra, Quetzalcoatl… Les dieux sont des milliers, tous les peuples du monde en vénèrent. Les trois premiers, Yahvé, Allah et Dieu, portent un nom différent mais représentent la croyance en un dieu unique et créateur du monde : Yahvé est le dieu des juifs, Allah est son nom chez les musulmans, et les chrétiens l'appellent Dieu.

Dans d'autres croyances, les dieux sont beaucoup plus nombreux ! Il y en a pour le ciel, pour la terre, pour l'agriculture, pour la guerre, etc. Chez les Grecs de l'Antiquité, Zeus est le roi des dieux. Il est le fils de Cronos, qui lui-même est le fils d'Ouranos (le Ciel) et de Gaïa (la Terre).

Ra est le premier des dieux égyptiens, le dieu du Soleil. Quetzalcoatl est le dieu serpent à plumes des Aztèques et des Mayas. Il est le dieu de l'Étoile du matin, l'inventeur du calendrier, celui qui a offert le maïs aux humains.

Autrefois, chaque peuple avait sa religion. Mais avec le temps, certains d'entre eux ont disparu : les Aztèques et les Mayas, par exemple, n'existent plus. Et puis certaines religions se sont répandues dans le monde. Les Grecs sont aujourd'hui chrétiens et les Égyptiens sont devenus musulmans. Au total, 87 % des gens dans le monde ont une religion.

ALLEZ VIENS ALLAH ! ON FAIT LA PHOTO DE GROUPE !

NON JE NE PEUX PAS !

MA RELIGION ME L'INTERDIT !

Combien de temps dure une nuit ?

Au lit ! C'est l'heure ! Vous râlez, vous tempêtez, mais vous savez bien que vous n'y couperez pas. Pourquoi ? Parce que le sommeil est indispensable. On dort en moyenne sept heures par nuit. Et quand la moitié des Terriens va se coucher, l'autre moitié se lève pour aller travailler… ou s'amuser.

D'ailleurs, selon la saison et le pays où ils habitent, certains peuvent rester couchés plus longtemps et d'autres s'amuser plus tard. Plus on se rapproche des pôles, plus les nuits sont courtes en été et longues en hiver. La ville russe de Saint-Pétersbourg est très au nord. En été, la nuit ne tombe jamais. La ville est célèbre pour ses « nuits blanches ». Et en hiver, le jour ne dure que cinq heures.

En revanche, plus on se rapproche de l'équateur, plus le jour et la nuit s'égalisent : pour un habitant du Gabon ou de Bornéo, la nuit et le jour font douze heures chacun. Le soleil se couche vers 18 heures et se lève à 6 heures.

Mais il existe quatre moments remarquables au cours de l'année, où tout change. Aux équinoxes de printemps (20 ou 21 mars) et d'automne (22 ou 23 septembre), les rayons du soleil sont parallèles à l'équateur. Par conséquent, le jour et la nuit font douze heures partout sur la Terre.

Aux solstices d'été et d'hiver, les rayons du soleil forment un angle maximum avec l'équateur. Ainsi, au solstice d'été (20 ou 21 juin) la nuit est la plus courte de l'année. Au solstice d'hiver (21 ou 22 décembre) c'est l'inverse. Allez ! Au lit ! C'est l'heure !

Combien de temps dure un embouteillage ?

— Papa ! C'est quand qu'on arrive ? Ça fait dix fois que vous posez la question et qu'on vous répond :
— Bientôt.

Soudain se forme un embouteillage. Une voiture ralentit sur l'autoroute pour une raison inconnue, ou à cause d'un accident. Celle qui la suit freine brusquement, la troisième un peu plus brutalement, etc. Résultat : c'est l'embouteillage ! Puis la circulation reprend son rythme normal et parfois, personne n'aura su la raison de ce ralentissement.

Le plus gros bouchon d'Europe a lieu tous les jours depuis quinze ans sur une autoroute de l'est parisien. La raison en est simple : pour qu'une voie d'autoroute soit fluide, il ne faut pas dépasser une certaine quantité de voitures.

S'il y roule plus de 2 200 voitures à l'heure, l'autoroute commence à être surchargée. À un endroit sur cette autoroute, les cinq voies de circulation se réduisent à quatre pendant 2 kilomètres. Sur les 260 000 véhicules circulant à ce moment-là, 35 000 se retrouvent bloqués sur plus de 10 kilomètres de 6 h 30 à 9 h 30 du matin, cinq jours sur sept.

Et le soir, dans l'autre sens, c'est pareil ! Pour résoudre ce problème, il faudrait faire de très importants travaux. Ou bien perfectionner le système de transports en commun. Et tout cela coûte une fortune.
— Maman ! C'est quand qu'on arrive ?

Combien de temps faut-il pour être célèbre ?

— Qu'est-ce que tu veux faire, plus tard ?
— Je veux être célèbre.
— En faisant quel métier ?
— Le métier de célébrité.

Pourquoi tant de gens rêvent-ils d'être célèbres ? Pour être reconnus, aimés de tout le monde, pour être riches. Le problème, c'est qu'aujourd'hui, très souvent, les célébrités n'ont rien fait pour le mériter. Alors que Picasso est mondialement célèbre, parce qu'il était un grand peintre. Ou Mozart, parce qu'il était un grand compositeur. Mais les participants d'une émission de télé-réalité n'ont aucun talent particulier. Ils ne sont pas artistes ou scientifiques, ils n'ont pas fait progresser le monde grâce à leurs travaux. Ils passent à la télé et ça suffit à les rendre célèbres.

Le seul ennui pour eux, c'est que cette célébrité sera de courte durée. Picasso est mort en 1973, Mozart est mort en 1791, et l'on parle encore d'eux aujourd'hui. On admire leurs œuvres. En revanche, on a déjà oublié les noms des participants des émissions de télé-réalité de l'année dernière.

Combien de temps faut-il pour être célèbre ?
Très peu, si on utilise la télévision. Car celui ou celle qui passe dans cette boîte magique est immédiatement vu par des millions de téléspectateurs.

Combien de temps cela durera-t-il ? La réponse a été donnée par Andy Warhol, un célèbre peintre américain : « Bientôt, chacun aura droit à son quart d'heure de célébrité. » Un quart d'heure seulement…

BONJOUR, JE SUIS MADONNA !
… JE SUIS BRAD PITT !
JE SUIS GEORGE CLOONEY !
JE SUIS LE DIRECTEUR DE L'ASILE PSYCHIATRIQUE !
VEUILLEZ REGAGNER VOS CHAMBRES !

Combien y a-t-il de mots dans un dictionnaire ?

LE PLUS GROS DICTIONNAIRE DU MONDE

J'EN ÉTAIS SÛRE !

LE MOT "RÉGIME" N'EST PAS DEDANS !

Si on ouvre un dictionnaire et qu'on y cherche la définition de ce mot, on y apprend que c'est un recueil des mots d'une langue classés par ordre alphabétique, avec leur explication.

Ça ne veut pas dire qu'on y trouve *tous* les mots. Si on cherche un verbe, par exemple, on n'y verra pas les différentes manières de le conjuguer parce que les conjugaisons sont rangées dans une partie consacrée à la grammaire.

D'autre part, un dictionnaire normal ne contient que les mots d'usage courant. C'est la raison pour laquelle il existe des dictionnaires spécialisés : des synonymes, des contraires, de géographie, de médecine, de noms propres, de plantes, etc. Il existe même des dictionnaires des mots oubliés, ceux qu'on n'utilise plus !

Un dictionnaire de poche compte environ 40 000 mots. Un dictionnaire normal, 60 000. Un grand dictionnaire, 100 000. Il existe aussi des dictionnaires encyclopédiques dans lesquels on peut lire la définition d'un mot mais également un long article détaillé sur le sujet en question.

Le plus ancien dictionnaire a été créé en Mésopotamie, il y a 4 300 ans. Il était gravé sur pierre. Le plus gros dictionnaire actuel est le dictionnaire d'anglais d'Oxford. Avec 291 500 définitions réparties dans vingt volumes, il pèse 62,5 kilos. Aujourd'hui, on grave aussi des dictionnaires sur CD-Rom. C'est plus léger !

69

Combien de temps dure un tour du monde ?

80 jours ! assura Phileas Fogg, qui réussit cet exploit dans le célèbre roman de Jules Verne. Pour y parvenir, il utilisa le train, le bateau, la voiture, le traîneau, et même l'éléphant.

Le premier véritable tour du monde fut effectué au XVIe siècle par un marin portugais, Fernand de Magellan. Le voyage dura trois ans ! D'autres suivirent, au fil des siècles. Le premier tour du monde sous l'eau fut accompli en 1960 par un sous-marin américain baptisé *USS Triton*. Le voyage dura quatre mois. Le record du tour du monde à la voile fut battu en 2005 par le Français Bruno Peyron qui effectua ce voyage, à bord de son voilier, en 50 jours, 16 heures, 20 minutes et 4 secondes.

L'Américain Steve Fossett était un homme très pressé. En 2002, il réalisa le premier tour du monde en montgolfière en 14 jours. Et en 2005, il boucla le premier tour du monde en avion et en solitaire, en 67 heures et 1 minute.

Le Britannique Jason Lewis, lui, avait tout son temps. En 2007, il boucla le tour du monde le plus lent de l'Histoire : 13 ans pour accomplir son voyage, à la seule force de ses muscles, en bateau à pédales, à la nage, à pied et en patins à roulettes.

La Terre, elle, n'a pas besoin de tout ça. Et elle bat tous les records ! Elle fait un tour sur elle-même en vingt-quatre heures. Quoi qu'il arrive.

EXCÈS DE VITESSE MISTER FOGG

ON VOUS ARRETE!

Combien de siècles a le vin le plus vieux du monde

MMMMMH!

ON VA OUVRIR UNE BOUTEILLE OFFERTE À MA... COMMUNION !

Voulez-vous offrir le plus vieux vin du monde à vos parents ? Il est chinois, et date de 7 000 ans avant Jésus Christ. Hélas, il n'en reste pas grand-chose, juste quelques traces sur une poterie. C'est un vin de raisin et de riz mélangé.

Pour retrouver un vin composé uniquement de raisin, il faut aller en Israël, en Géorgie ou en Iran. Mais là aussi il ne s'agit que de traces, sur des poteries vieilles de 6 000 ans avant Jésus Christ. À partir de 4 500 ans avant Jésus Christ, ce sont les Grecs qui ont commercialisé le vin dans les pays bordés par la Méditerranée. Ils y ajoutaient de l'eau de mer, pour le conserver pendant le voyage. Une fois livré, il fallait y verser de l'eau douce pour faire passer le goût du sel. Berk !

C'est un vin blanc, conservé en tonneau aux Hospices de Strasbourg (en France). Il date de 1472 et la dernière fois qu'on en a bu, c'était en 1944. Depuis ce jour, on n'ose plus y toucher : on le garde précieusement car il est unique au monde.

La plus ancienne bouteille de vin connue dans le monde à ce jour contenait du vin jaune du Jura français. Elle datait de 1774 et fut bue en 1994. Mais le vin le plus vieux du monde n'est pas en bouteille.

Et la plus ancienne boisson gazeuse sucrée ? Elle est américaine, et date de 1886. Elle fut copiée à partir d'un vin français dans lequel un pharmacien corse avait ajouté de l'extrait de feuilles de coca. Vous avez deviné son nom ?

Combien de temps avons-nous à vivre ?

Grâce à l'amélioration de nos conditions de vie et aux progrès de la médecine, nous vivons plus longtemps que par le passé. Si nous habitons dans un pays riche ! Car plus un pays est riche, plus l'espérance de vie est longue.

Au Japon, elle est fixée à 82 ans en moyenne (78 ans pour les hommes, 85 ans pour les femmes). En Angola, en revanche, elle n'est que de 37 ans (36 ans pour les hommes, 38 ans pour les femmes). Car dans ce pays, qui compte parmi les plus pauvres d'Afrique, le sida fait des ravages.

Il existe cependant des exceptions. Aux États-Unis, l'espérance de vie est de 78 ans (75 ans pour les hommes, 80 ans pour les femmes). C'est moins que le Canada, ou que les pays de l'Union européenne. L'alimentation est l'une des grandes responsables : les États-Unis sont le pays où il y a le plus grand nombre d'obèses.

En 2005, sur une population totale de 300 millions d'habitants, ils étaient 283 millions à être en surpoids. Les personnes obèses sont souvent atteintes de cancer, de maladies cardiaques et de diabète. Leur durée de vie est donc plus courte que celle des autres, et l'obésité est la deuxième cause de mortalité aux États-Unis, après le tabac.

Moralité : pour vivre vieux il faut manger sainement, ne pas fumer et être de sexe féminin ! En effet, les femmes vivent plus longtemps que les hommes. Et on ne sait toujours pas pourquoi…

BON ANNIVERSAIRE, ARTHUR !

TOI, TU AS DROIT À DU GÂTEAU AU CHOCOLAT !

MOI, J'AI DROIT À UN GÂTEAU AUX BOUGIES !

BON ANNIVERSAIRE, PÉPÉ !

Combien de kilomètres fait le chemin de Compostelle ?

Saint-Jacques-de-Compostelle est une ville d'Espagne qui abrite une cathédrale dans laquelle se trouveraient les reliques de saint Jacques, l'un des apôtres du Christ. Des reliques, c'est ce qui reste du corps d'un saint après sa mort.

Alors, chaque été, entre cent et deux cent mille pèlerins empruntent les chemins qui mènent à Compostelle. Ils traversent l'Europe à pied, à cheval ou à vélo pour rejoindre cette ville, située à l'extrémité ouest du pays.

Pour y parvenir, il existe plusieurs trajets bien connus qui traversent les différents pays européens. Mais que l'on parte des Pays-Bas, du Danemark, de la Pologne, de la Hongrie, de l'Italie ou de Grande-Bretagne, tous ces chemins finissent par rejoindre l'un des quatre chemins français. Qui lui-même finit par aboutir au chemin espagnol.

Quand tous ces pèlerins qui ont marché, chevauché ou pédalé pendant des semaines arrivent à Compostelle, on leur remet une coquille Saint-Jacques qu'ils fixent fièrement à leur vêtement, ainsi qu'un diplôme qu'on appelle la *Compostela*. C'est la preuve qu'ils ont accompli le pèlerinage.

Pour certains, il est important de se rendre dans la cathédrale de Compostelle. Pour d'autres, seul le long voyage compte. À chacun son pèlerinage, à chacun son chemin !

Combien de temps dort un ours en hiver ?

On ne peut pas dire pour autant que les ours hibernent, parce que leur température ne baisse que de 5 degrés pendant leur sommeil. De plus, ils peuvent facilement se réveiller s'ils ont l'impression qu'un ennemi s'approche. On dit que les ours sont semi-hibernants. Comme les blaireaux, les ratons laveurs ou les opossums.

Si cet ours est un Monsieur, il s'endort en décembre et se réveille en février. Madame ours, elle, s'endort en novembre et attend le mois d'avril pour se réveiller.

Les animaux qui hibernent vraiment (tels que les marmottes, les loirs ou les hérissons) sont de vrais gloutons dans les mois qui précèdent leur période de sommeil. Ils accumulent ainsi de la graisse qui les aidera à passer l'hiver. Lorsqu'ils s'endorment, leur température chute brutalement jusqu'à 1 ou 2 degrés, et toutes leurs fonctions tournent au ralenti : respiration, rythme cardiaque, etc.

..274 442
274 443...

TU N'ARRIVES PAS À HIBERNER, MON CHÉRI ?

Pour que l'hibernation profite à un animal, il ne faut pas qu'il pèse plus de 7 kilos. Sinon, la remise en route à la fin de l'hiver demanderait trop d'énergie. Voilà pourquoi l'ours n'hiberne pas vraiment.

Et vous ? Avez-vous envie d'hiberner ? Montez d'abord sur la balance. Plus de 7 kilos ? Ah… Vous ne pourrez pas échapper à l'école cet hiver !

Combien d'yeux a une libellule ?

Cinq ! Elle a d'abord trois petits yeux tout simples, qu'on appelle les ocelles. Ces yeux-là ne captent pas vraiment une image, ils se contentent d'enregistrer l'intensité de la lumière.

En plus de ces trois petits yeux ridicules qui ne servent pas à grand-chose, la libellule en possède deux gros, énormes, comme des boules à facettes de boîte de nuit. Ces yeux-là, en revanche, sont très importants. Ils sont composés de trente mille capteurs disposés en mosaïque.

Chacun de ces capteurs envoie une information au centre nerveux de la libellule, qui se charge ensuite de reconstituer l'image. Un cerveau humain capte environ vingt-quatre images par seconde. Le centre nerveux d'une libellule en capte, lui, deux cents par seconde !

Mais contrairement à l'homme, cette image qui s'imprime chez la libellule n'est pas très nette. Par contre son champ de vision est beaucoup plus étendu. Elle voit devant, derrière, au-dessus et en dessous en même temps.

PFFF, JE NE TROUVE PLUS MES LUNETTES !

...JE VAIS M'ASSEOIR UN PEU !

À quoi cela peut-il bien lui servir, cette vision quasi totale ? À attraper et croquer chaque jour six cents petites bêtes : des mouches, des moucherons et surtout son plat favori, les moustiques. Miam !

Combien de rivets a la tour Eiffel ?

Deux millions cinq cent mille ! Mais d'abord, qu'est-ce qu'un rivet ? C'est une sorte de gros clou qui sert à assembler deux pièces métalliques entre elles et dont on écrase la pointe. Autant dire que sur un bâtiment aussi gigantesque que la tour Eiffel, ils sont indispensables : ils servent à fixer les dix-huit mille pièces qui composent ce monument, dont le poids total est de 10 100 tonnes.

La tour Eiffel avait été construite pour l'Exposition universelle de 1889 et aurait dû être rasée dix ans plus tard. Mais son succès fut si grand qu'on la garda. À l'époque, avec ses 300 mètres elle était la construction la plus haute du monde.

On la repeint tous les sept ans, les travaux durent dix-huit mois et nécessitent 60 tonnes de peinture de couleur bronze. Mais dans trois tonalités différentes ! Le bronze le plus sombre est à la base, le moyen est au milieu et le plus clair est au sommet. Ainsi, elle paraît uniforme dans la couleur du ciel.

En 1925, un escroc autrichien, nommé Victor Lustig, réunit à Paris les plus grosses entreprises récupératrices de métaux et leur affirma que finalement, la tour allait être démontée. L'un des entrepreneurs, qui s'appelait André Poisson, le crut. Il lui paya une fortune pour récupérer le métal de la tour. L'histoire ne nous dit pas si cette vente eut lieu un 1er avril…

Moi, comme souvenir, j'ai pris un rivet !

CRACK ! BOUM !

Toi, tu as fait une bêtise !

Combien y a-t-il de notes de musique ?

Au clair de la lune, mon ami Pierrot... Vous savez jouer cet air au pipeau ? Combien de notes utilisez-vous ? *Do, ré, mi, fa, sol, la, si, do !* Facile, huit ! Eh bien non, sept, vous êtes tombé dans le piège !

Depuis le XIe siècle, de la France au Japon en passant par la Bulgarie, la Russie ou l'Italie, les notes de musique s'appellent *ut, ré, mi, fa, sol, la* et *si*. À quoi correspondent-elles ? Ce sont les lettres qui commencent les premiers vers d'un texte religieux du VIIIe siècle, *l'Hymne de saint Jean-Baptiste.* Mais *ut*, ce n'est pas très facile à prononcer. Alors on l'a remplacé par le son *do* au XVIe siècle.

Aux États-Unis et en Grande-Bretagne, on a adopté un système différent. Les notes ont des noms qui suivent l'alphabet : A est le *la*, B est le *si*, C est le *do*, D est le *ré*, E est le *mi*, F est le *fa*, G est le *sol*. *Do, ré, mi, fa, sol, la* et *si* deviennent donc C, D, E, F, G, A, B. Sauf en Allemagne, où la note *si* ne s'appelle pas B mais H.

Comment des musiciens français, anglais et allemands arrivent-ils alors à jouer ensemble ? Facile ! Ils ont tous sous les yeux une partition et sont capables de lire les notes sans que leurs noms soient inscrits. Car en fait, le nom des notes est surtout utile pour les gens qui ne connaissent pas bien le solfège.

Allez ! Jouons tous ensemble *Au clair de la lune* : do do do ré mi ré, *Mon ami Pierrot* : do mi ré ré do...

Combien d'ondes y a-t-il dans un four à micro-ondes ?

Quand un savant nommé Percy Spencer voulut déguster la barre chocolatée qu'il avait mise dans sa poche, il constata qu'elle avait fondu. Comme il se tenait près d'un radar, il se dit que les ondes dégagées par cet appareil en étaient responsables.

C'est ainsi que naquit, en 1947, le tout premier four à micro-ondes. Il mesurait 1,80 mètre de haut et pesait 340 kilos ! Difficile à caser dans une cuisine…

Comment fonctionne-t-il ? Tous les aliments que nous mangeons contiennent de l'eau. Quand on place une saucisse dans le four, la micro-onde dégagée par le magnétron (le moteur) frappe les molécules d'eau contenues dans la saucisse.

Ces molécules s'agitent, en un mouvement de va-et-vient qui se produit deux milliards quatre cent cinquante millions de fois en une seconde ! À ce rythme, celles-ci vont s'échauffer et transmettre leur chaleur au reste de la saucisse.

Alors, combien d'ondes dans le four à micro-ondes ? Une seule. Elle sort du moteur puis est découpée en morceaux par une espèce de ventilateur, afin d'être diffusée dans tout le four. Ah ! Une dernière chose : attention quand vous vous servez du four à micro-ondes de la cuisine. La chaleur absorbée par les aliments peut être très élevée, et peut vous brûler gravement.

— ALORS, TU VOIS LES ONDES ?

— NON, MAIS IL FAIT CHAUD, LÀ-DEDANS !

79

Combien y a-t-il de travaux d'Hercule ?

Hercule (Héraclès en grec) est un personnage des contes de la mythologie grecque. Il était le fils du dieu Zeus et l'esclave du roi Eurysthée. Jaloux de lui à cause de sa force, ce roi lui ordonna d'accomplir des travaux extraordinaires en pensant qu'il y perdrait la vie. Pour commencer, Hercule assomma l'imbattable lion de Némée à coups de massue, l'étrangla et se revêtit de sa peau.

Il tua l'hydre de Lerne, un monstre dont les têtes repoussaient dès qu'on les coupait. Il courut pendant un an après la biche de Cérynie, qu'il finit par rattraper. Il captura vivant l'énorme sanglier d'Érymanthe, à qui il passa un nœud coulant autour du cou.

Il nettoya les écuries d'Augias (qui ne l'avaient pas été pendant des années) en une seule journée, en détournant deux fleuves de leurs cours. Il tua les oiseaux à plumes de bronze du lac Stymphale, qui dévoraient des êtres humains. Il captura le taureau blanc de Minos, qui dévastait tout sur son passage.

Il captura les juments du roi Diomède, qui elles aussi dévoraient des êtres humains. Il tua Hippolyte la reine des Amazones, pour lui voler sa ceinture. Il tua Géryon le géant à trois têtes, pour lui voler son bétail. Il tua le dragon Ladon qui gardait l'entrée du jardin des Hespérides, afin d'y voler les pommes d'or.

Il captura Cerbère, le chien à trois têtes gardien des Enfers. Hercule accomplit ainsi douze travaux, et triompha du roi Eurysthée. Et vous, quels sont les travaux que vous devez accomplir ?

…LA VAISSELLE C'EST FAIT!

LES VITRES? C'EST FAIT!

LE REPAS? C'EST FAIT! …

HERCULE! JE SUIS RENTRÉE!

Combien de kilos pèse un igloo ?

100 kilos de glace ? 200 kilos de glace ? Faux ! Les igloos ne se fabriquent pas avec des cubes de glace, mais avec de la neige compacte.

Recette pour fabriquer un igloo dans votre jardin : Creusez un trou de 1,50 mètre dans la neige. Taillez des blocs de 1 mètre de long sur 40 centimètres de large et 20 centimètres de côté. Chaque bloc pèsera 10 kilos et il vous en faudra une cinquantaine pour obtenir un igloo de taille convenable.

Placez-vous au centre du trou et disposez les blocs en spirale autour de vous, comme si vous dessiniez la coquille d'un escargot. Pour que cela forme un dôme et non une tour, le bas de chaque bloc devra être taillé en biais.

Placez en haut le dernier bloc, qui pourra être en glace : il laissera passer la lumière du jour. Percez deux ou trois trous d'aération pour ne pas vous asphyxier à l'intérieur. Creusez un trou tout en bas, continuez en remontant jusqu'à l'extérieur et sortez. Pour finir, construisez un tunnel d'accès. Plus il sera long, plus l'air à l'intérieur de l'igloo aura une température constante. Aux alentours de zéro degré…

Voilà ! Vous avez construit un bel igloo qui pèse 500 kilos. Comment ? Il n'y a pas de neige dans votre jardin ? Pas d'ours blanc ? Pas de phoques ? Vous n'habitez pas au pôle Nord ? Comme c'est dommage !

Combien de fois faut-il jouer à l'Euro Millions pour gagner ?

Le 1, le 12, le 17, le 18, et le 23.
Le loto traditionnel est un jeu de société qui se joue avec des grilles, sur lesquelles sont inscrits quatre-vingt-dix chiffres. On tire au hasard des chiffres dans un sac, et les joueurs les cochent si ces chiffres figurent sur leur grille. Facile !

Les jeux de loto électroniques comme l'Euro Millions fonctionnent sur le même principe. Il faut choisir cinq chiffres parmi cinquante, et deux étoiles numérotées parmi les neuf proposées. Il existe 76 275 360 combinaisons possibles ! Pour remporter le gros lot à coup sûr, une seule solution : les jouer toutes.

Le jeu simple coûte 2 euros. Il faut donc risquer la somme de 76 275 360 x 2 = 152 550 720 euros (plus de 152 millions) pour gagner… combien ?

Le plus souvent, entre 15 et 60 millions d'euros… seulement ! En supposant qu'on est le seul à trouver la bonne combinaison. Parfois, les gains sont plus importants. Le plus gros lot de l'Euro Millions a été gagné par un Italien en juillet 2005. Il fut le seul à trouver la bonne combinaison, qui lui a rapporté 115 436 126 euros.

MA MAISON EST FAITE UNIQUEMENT DE BILLETS D'EUROMILLIONS PERDANTS !

Si vous aviez joué toutes les combinaisons possibles ce jour-là, vous auriez engagé plus de 152 millions pour en gagner 115 divisé par 2, soit 57. Eh oui ! Vous auriez dû partager avec l'Italien. Non vraiment, ce n'est pas rentable !

Combien de temps met un nénuphar pour recouvrir une mare ?

Imaginons une mare, et un joli nénuphar dont la surface double chaque jour. Le lundi il mesure 10 centimètres, et le vendredi il a déjà recouvert la mare à moitié. Quel jour l'aura-t-il recouverte en entier ?

Imaginons maintenant qu'il n'y a pas un, mais deux jolis nénuphars dont la surface double chaque jour. Le lundi, ils mesurent chacun 10 centimètres. Quel jour auront-ils recouvert la totalité de la mare ?

Le nénuphar solitaire mesure 10 centimètres le lundi. Le mardi, il fait 20 centimètres. Le mercredi : 40 centimètres. Le jeudi : 80 centimètres. Le vendredi : 160 centimètres. Ce jour-là, il a recouvert la mare à moitié. Le samedi, comme tous les autres jours, il double sa taille. C'est donc le samedi qu'il recouvre toute la mare.

Observons maintenant les deux nénuphars. Ils mesurent chacun 10 centimètres le lundi. Le mardi, ils font 20 centimètres chacun. Le mercredi : 40 centimètres chacun. Le jeudi : 80 centimètres chacun. Le vendredi : 160 centimètres chacun. Ce jour-là, comme dans l'énigme précédente, chaque nénuphar a recouvert la mare à moitié.

Comme ils sont deux, c'est donc ce jour-là qu'ils recouvrent toute la mare. Le vendredi.

ICI, LA BIBLIOTHÈQUE...

...LÀ, LA PISCINE !

...ET JE COMPTE ENCORE AGRANDIR !

Combien y a-t-il de grains de blé sur un échiquier ?

Énigme : prenez un échiquier composé de soixante-quatre cases. Posez sur la première case un grain de blé. Sur la deuxième, deux grains de blé. Sur la troisième, quatre grains de blé. Sur la quatrième, huit grains de blé. Sur la cinquième, seize grains de blé. Continuez ainsi jusqu'à la soixante-quatrième case, en doublant à chaque fois la mise de la case précédente.

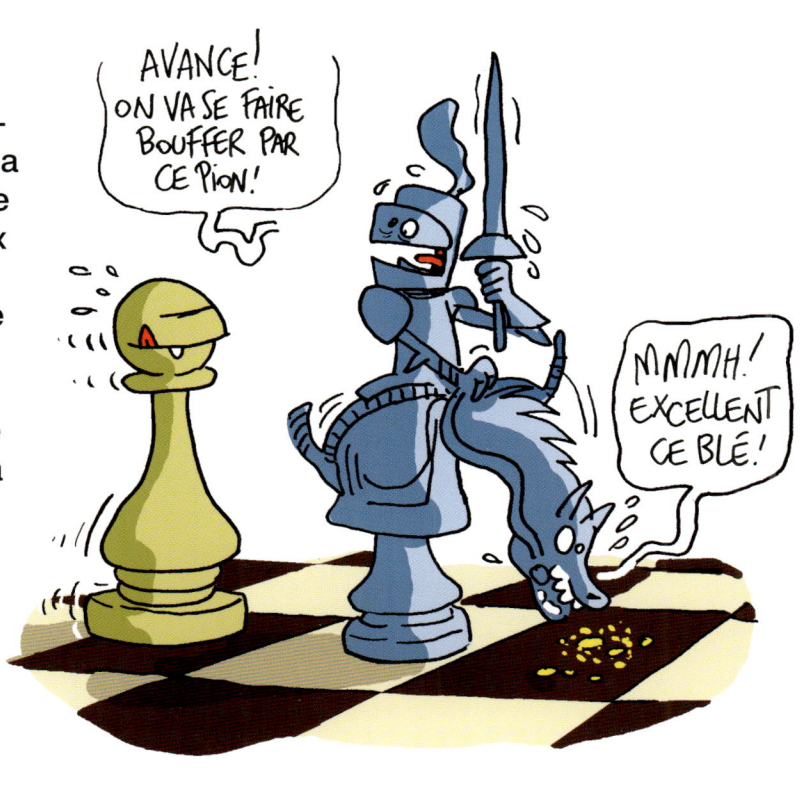

AVANCE ! ON VA SE FAIRE BOUFFER PAR CE PION !

MMMH ! EXCELLENT CE BLÉ !

À votre avis, combien y aura-t-il de grains de blé sur la soixante-quatrième case ? Et combien y en aura-t-il sur tout l'échiquier ?

Vous avez trouvé ? Vérifions en faisant ce très simple calcul :
Sur la 6e case : 32.
Sur la 7e case : 64.
Sur la 8e case : 128.
Sur la 9e case : 256.
Sur la 10e case : 512.
Sur la 11e case : 1 024.
Sur la 12e case : 2 048.
Nous ne sommes qu'à la douzième case et il en reste cinquante-deux !

Sur la vingtième case, vous trouverez 524 288 grains de blé. Et enfin à la soixante-quatrième case, vous trouverez 223 372 036 854 775 808, soit l'équivalent de la production mondiale de blé pendant 2 000 ans !

Et le nombre total de grains de blé posés sur l'échiquier sera de 18 446 744 073 709 551 615. Ces deux chiffres sont tellement énormes qu'ils sont imprononçables. Pour la taille de l'échiquier, prévoyez… assez grand !

Combien y a-t-il de filles et de garçons sur la planète ?

Combien de ballons et de cordes à sauter dans la cour de récréation ? Et sur toute la planète ? Nous étions, en septembre 2008, 6,630 milliards d'habitants. À peu près la moitié sont des hommes, et l'autre moitié sont des femmes. Enfin, pas exactement car il naît un peu plus de garçons que de filles.

Alors, les garçons vont-ils écraser les filles ? Eh bien non, parce que les hommes meurent plus jeunes que les femmes. Que ce soit à la naissance, ou après.

Si on trie, sur toute la Terre, toutes les personnes qui ont entre 0 et 9 ans, on s'aperçoit qu'il y a 624 millions de garçons pour 593 millions de filles. Plus d'hommes, donc. Si on prend toutes les personnes qui ont 45 ans, on constate qu'il y a autant d'hommes que de femmes.

À 50 ans ou après, les femmes deviennent de plus en plus nombreuses parce qu'elles vivent plus longtemps que les hommes. Parmi toutes les personnes qui ont entre 80 et 90 ans, il y a 28 millions d'hommes pour 48 millions de femmes. Ça fait une sacrée différence ! Et si on regarde le nombre de centenaires vivant sur Terre, l'écart est encore plus grand : 500 hommes, pour 2100 femmes.

Pour vivre vieux, il est donc préférable d'être une fille. Les garçons n'ont vraiment pas de chance. Et s'ils abandonnaient le ballon pour apprendre à sauter à la corde ? Est-ce que ça marcherait pour eux ? Pas sûr…

Combien de mètres mesure un film ?

Êtes-vous déjà entré dans la cabine de projection d'un cinéma ? C'est un endroit magique ! Un film d'une heure et demie mesure à peu près 2 400 mètres, soit 2,4 kilomètres.

Comment les faire entrer dans l'appareil de projection d'un cinéma ? Quand le film arrive dans les mains du projectionniste, il est découpé en morceaux qui sont rangés dans six boîtes rondes. Parce que c'est plus léger, et aussi pour des raisons historiques.

Jusque dans les années 1980, il y avait deux projecteurs dans la cabine du projectionniste. Il installait la bobine n°1 sur le projecteur n°1, et la bobine n°2 sur le projecteur n°2. Il mettait en route le projecteur n°1 et le film commençait dans la salle. Quand la bobine arrivait à la fin, hop ! il enclenchait le projecteur n°2 et le film continuait sans que les spectateurs s'aperçoivent de quoi que ce soit.

De nos jours, il n'y a plus qu'un seul projecteur et le travail du projectionniste est plus simple. Mais il reçoit toujours le film découpé en six morceaux. Alors il les colle ensemble pour les installer sur une très grosse bobine. Et quand le film est retiré de la programmation, il le redécoupe en six morceaux.

Si vous avez un jour l'occasion d'entrer dans la cabine d'un projectionniste, demandez-lui de vous découper une image du film. Il en restera encore 129 599, les spectateurs ne se rendront pas compte qu'il en manque une !

« ...ET À LA FIN DU FILM, VOUS M'ARRÊTEZ ? »

« HMM ! JE NE VOIS PAS... »

« C'EST TROP LOIN ! »

Combien y a-t-il de musiciens dans un orchestre ?

Un orchestre de quoi ? De jazz ? De rock ? De musique classique ? À chaque style musical correspond un nombre de musiciens. On peut dire qu'un orchestre, ça commence à trois musiciens.

Certains orchestres de jazz n'ont qu'un piano (ou une guitare), une contrebasse et une batterie. Mais ils peuvent aussi avoir vingt musiciens.

Dans un groupe de rock (qui est aussi un orchestre), il n'y a souvent que quatre instruments : une guitare rythmique, une guitare solo, une guitare basse et une batterie.
Dans le domaine de la musique classique, le nombre d'instrumentistes est aussi très variable. Certaines sonates peuvent être jouées en quatuor, c'est-à-dire avec deux violons, un alto et un violoncelle. Ou bien avec un violon, un alto, un violoncelle, et une clarinette ou une flûte ou un piano. Si l'on garde les deux violons du quatuor et si l'on ajoute un instrument, on a alors un quintette.

Il existe aussi des orchestres de chambre, composés d'une vingtaine de musiciens. À partir de ce nombre, il devient indispensable d'avoir un chef d'orchestre pour diriger tous ces instruments. Sans parler des orchestres symphoniques, qui peuvent compter une centaine de musiciens !

Maintenant, c'est à vous de choisir votre instrument et votre futur orchestre. Mais avant de vous décider, pensez aux voisins…

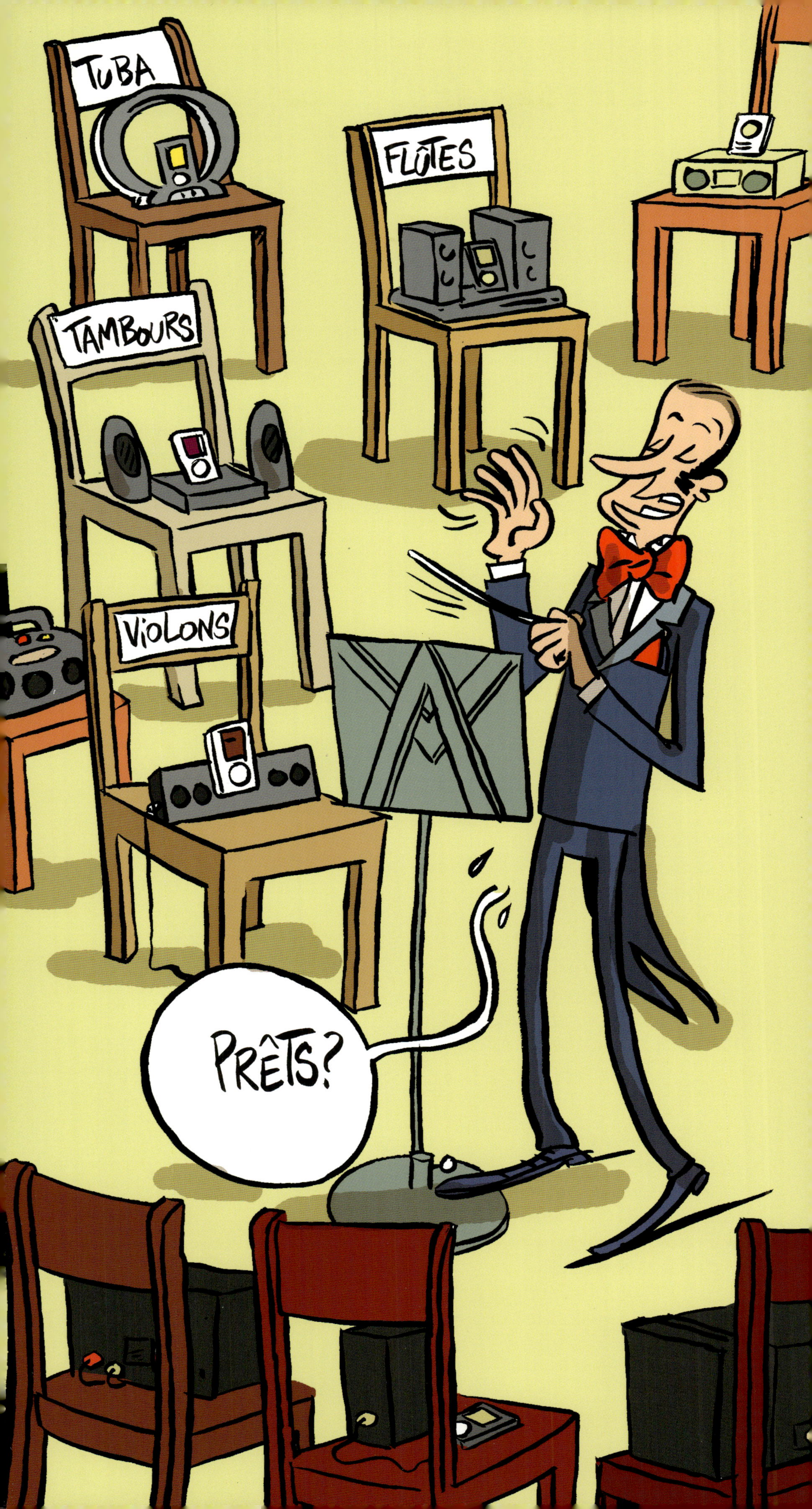
TUBA
FLÛTES
TAMBOURS
VIOLONS
PRÊTS?

Combien peut-on avoir de meilleur(e)s ami(e)s ?

L'amitié est un sentiment, une espèce de lien qui unit deux personnes n'appartenant pas à la même famille. On pourrait penser que c'est comme l'amour. Sauf que non. Parfois, l'amour n'existe que dans un sens ; X aime Y, mais Y n'aime pas X. Ceci n'empêche pas que X aime sincèrement Y.

En amitié, cela est impossible. Si l'amour peut être ressenti par une seule personne, l'amitié n'existe que si l'on est au moins deux. Parce que X ne peut pas dire « je suis l'ami de Y » si Y ne dit pas, à son tour, « je suis l'ami de X ».

Pourquoi est-on ami avec une personne et pas avec une autre ? X peut dire « parce que Y et moi, on a les mêmes idées ». Mais il existe sûrement d'autres personnes qui ont les mêmes idées que X, et qui ne sont pas forcément ses amis.

Et l'on peut être ami avec des personnes qui ont des idées différentes des nôtres. Alors ? Comment ça marche ? En fait, on n'en sait trop rien. Montaigne et La Boétie étaient deux écrivains du XVIe siècle. Quand on demanda au premier pourquoi il était ami avec le second, il réfléchit puis écrivit : « Si on me presse de dire pourquoi je l'aimais, je sens que cela ne peut s'exprimer qu'en répondant : Parce que c'était lui, parce que c'était moi. »

Montaigne n'avait qu'un meilleur ami, c'était La Boétie. Et La Boétie n'avait qu'un meilleur ami, c'était Montaigne. On peut avoir plusieurs amis, mais « meilleur(e) ami(e) » s'écrit forcément au singulier.

Combien pèse un iceberg ?

Et le glaçon qui flotte dans votre verre de grenadine, est-ce un iceberg en miniature ? Pas tout à fait. On commence à parler d'iceberg quand le bloc de glace mesure environ 10 mètres de haut. Sur ces 10 mètres, 9 sont sous l'eau et le total pèse 120 tonnes.

AH ZUT, C'ÉTAIT UN ICEBERG DÉGUISÉ EN VAHINÉ !

Mais il n'a rien de commun avec celui de votre verre de grenadine. Pour fabriquer des glaçons, vous mettez de l'eau dans un récipient que vous mettez au réfrigérateur et vous attendez que ça gèle. C'est simple, rapide, et bien pratique pour les boissons d'été.

Le plus grand iceberg de l'hémisphère nord a été repéré au large des côtes canadiennes en 1882. Il mesurait 13 kilomètres de long, 6 de large, faisait 20 mètres de haut au-dessus de l'eau et 180 au-dessous. Son poids était d'environ 9 milliards de tonnes. Sacré glaçon !

Un iceberg, c'est très différent. Il s'agit d'un immense morceau de glace qui s'est détaché d'un glacier et qui flotte sur l'océan. Le glacier, qui s'est formé sur terre, est une accumulation de couches de neige transformées en glace au cours des siècles. Un glacier n'est jamais fixe, il est toujours en train de glisser lentement. Quand un morceau se détache et tombe dans l'eau, ça devient un iceberg. Et les glaces qui le composent peuvent avoir quinze mille ans d'âge !

Il faut être patient si on veut s'en servir comme glaçon. Et avoir un très grand verre de grenadine…

Index thématique

Le ciel

Combien d'étoiles peut-on voir dans le ciel ? **12**
Combien pèse un nuage ? **34**
Combien de fois par jour la Terre est-elle touchée par la foudre ? **36**
Combien de temps le Soleil va-t-il encore briller ? **38**
Combien y a-t-il de planètes dans le ciel ? **51**
Combien de temps dure une nuit ? **66**

Nature

Combien de grains de sable y a-t-il sur une plage ? **11**
Combien y a-t-il de feuilles sur un arbre ? **20**
Combien y a-t-il de gouttes d'eau dans une vague ? **28**
Combien faut-il d'années avant que la banquise ne fonde ? **62**
Combien de temps met un nénuphar pour recouvrir une mare ? **84**
Combien de temps faut-il pour qu'un sac plastique se décompose ? **55**

Insolite

Combien de collections différentes existe-t-il ? **30**
Combien de centimètres mesurent les sept nains ? **32**
Combien de fois dois-je tourner ma langue dans ma bouche ? **37**
Combien d'hommes ont-ils vécu sur Terre jusqu'à l'an 2000 ? **47**
Combien y a-t-il de clous sur la planche à clous d'un fakir ? **61**
Combien y a-t-il de faces sur un dé ? **64**
Combien de fois faut-il jouer à l'Euro Millions pour gagner ? **83**

Le corps

Combien de temps un ongle met-il pour pousser ? **10**
Combien de litres d'eau le corps humain contient-il ? **17**
Combien de cheveux y a-t-il sur une tête de petite fille ? **18**
Combien y a-t-il de microbes dans une goutte de salive ? **21**
Combien de muscles faut-il pour sourire ? **27**
Combien de mètres un aliment parcourt-il dans le corps ? **39**
Combien y a-t-il de kilomètres de veines et d'artères dans le corps humain ? **56**
Combien faut-il de spermatozoïdes pour faire un bébé ? **60**

Animaux

Combien de rayures a un zèbre ? **23**
Combien de cœurs a la pieuvre ? **35**
Combien de temps mettra un escargot pour sortir d'un puits profond de 12 mètres ? **40**
Combien de temps faut-il aux abeilles pour remplir un pot de miel ? **43**
Combien d'espèces animales sont-elles en voie de disparition ? **44**
Combien de pattes a le mille-pattes ? **50**
Combien de pattes a une araignée ? **54**
Combien de dents possède un escargot ? **59**
Combien de temps dort un ours en hiver ? **75**
Combien d'yeux a une libellule ? **76**

Vivre ensemble

Combien de langues parle-t-on dans le monde ? **16**
Combien de SMS envoie-t-on chaque jour dans le monde ? **58**
Combien de temps dure un embouteillage ? **67**
Combien de temps faut-il pour être célèbre ? **68**
Combien de temps dure un tour du monde ? **70**
Combien de temps avons-nous à vivre ? **73**
Combien y a-t-il de filles et de garçons sur la planète ? **86**
Combien peut-on avoir de meilleur(e)s ami(e)s? **90**

Sciences

Combien d'images fixes voyons-nous chaque jour ? **22**
Combien y a-t-il d'images différentes dans un dessin animé ? **29**
Combien y a-t-il de chiffres et de nombres ? **52**
Combien d'heures dort-on dans une vie ? **26**
Combien de jours y a-t-il dans une année ? **42**
Combien de kilomètres une carotte de supermarché parcourt-elle ? **48**

Techniques

Combien y a-t-il de chevaux dans une voiture ? **46**
Combien de rivets a la tour Eiffel ? **77**
Combien d'ondes y a-t-il dans un four micro-ondes ? **79**
Combien de kilos pèse un igloo ? **82**
Combien de mètres mesure un film ? **87**
Combien pèse un iceberg ? **91**

Culture

Combien y a-t-il d'anneaux olympiques ? **14**
Combien d'étoiles le drapeau américain compte-t-il ? **15**
Combien y a-t-il de lettres dans l'alphabet ? **19**
Combien mesure la Muraille de Chine ? **24**
Combien de pharaons ont régné dans l'Égypte ancienne ? **31**
Combien y a-t-il de chevaux, de cerfs et d'aurochs dans la grotte de Lascaux ? **45**
Combien de dieux existe-t-il ? **65**
Combien y a-t-il de travaux d'Hercule ? **80**
Combien y a-t-il de mots dans un dictionnaire ? **69**
Combien de kilomètres fait le chemin de Compostelle ? **74**
Combien y a-t-il de notes de musique ? **78**
Combien y a-t-il de grains de blé sur un échiquier ? **85**
Combien y a-t-il de musiciens dans un orchestre ? **88**